La aventura de Saíd

Josep Lorman

La aventura de Saíd

Notas y prólogo de
Silvia Vega Ordóñez

Ernst Klett Sprachen
Stuttgart

Bildquellennachweis

136 Klett-Archiv (Alexandra Krammer), Stuttgart; **138** RB-Deskkart Ralf Brennemann, Hamburg; **139** RB-Deskkart Ralf Brennemann, Hamburg; **140** Grupo SM, Boadilla del Monte (Madrid); **Cover** iStockphoto (Peeter Viisimaa), Calgary, Alberta

1. Auflage   1 ^{11} ^{10} ^{9} ^{8} ^{7} | 2028 27 26 25 24

Alle Drucke dieser Auflage sind unverändert und können im Unterricht nebeneinander verwendet werden.
Die letzte Zahl bezeichnet das Jahr des Druckes. Das Werk und seine Teile sind urheberrechtlich geschützt. Jede Nutzung in anderen als den gesetzlich zugelassenen Fällen bedarf der vorherigen schriftlichen Einwilligung des Verlags.

Herausgeberin der Reihe *Literatura Juvenil*:
Prof. Dr. Andrea Rössler

Redaktion: Marcelo Rodríguez
Layoutkonzeption: Elmar Feuerbach
Gestaltung und Satz: Satzkasten, Stuttgart
Umschlaggestaltung: Andreas Drabarek
Druck und Bindung: Digitaldruck Tebben GmbH, Biessenhofen

Printed in Germany
ISBN 978-3-12-535723-2

Índice

Prólogo

Josep Lorman llegó al mundo de la literatura juvenil después de un largo camino lleno de ricas y variadas experiencias profesionales, las cuales han forjado un estilo narrativo muy personal. Tanto su faceta de profesor de geografía, que le hace conocedor de la juventud, como sus trabajos cinematográficos, influyen de manera decisiva a la hora de dar fluidez y frescura a sus novelas. Novelas que no solo resultan atractivas a los jóvenes lectores sino a un público mucho más amplio. Tanto es así que la aventura de Saíd fue adaptada al cine a los tres años de su publicación.

Saíd decide comenzar su aventura, cegado por la relativa facilidad para conseguir en España lo que en su Xauen natal sería tan solo un sueño. Este viaje con recorrido de ida y vuelta le hace sacar lo peor y lo mejor de sí mismo, conocerse y plantearse algunos de los valores en los que fue educado. No todo es blanco ni negro, sobrevivir es a lo que, para este joven, se reduce casi el día a día, pero también descubre lo bueno que hay en la gente que le tiende la mano en el duro peregrinaje por España y en su aventura barcelonesa. El escritor catalán nos hace recorrer la Barcelona más emblemática con los pasos y huídas del joven marroquí.

La crítica y la denuncia de la situación de los inmigrantes ilegales a través de Saíd es patente en toda la novela. Saíd nos acerca a la realidad personal de muchos emigrantes, que como él, dejan Marruecos con todo lo que eso conlleva: lejanía de la familia, soledad, convivencia con otra cultura y la lucha por conservar la propia (a través de la música entre otros ejemplos), el rechazo y los prejuicios por ser "diferente"… La gama de sentimientos y emociones que esto le provoca al protagonista la experimenta al mismo tiempo quien lee la historia, gracias a la facilidad que esta nos brinda para identificarnos con el personaje. La novela hace una obligada reflexión, entre otras cosas, sobre una ley de extranjería que regula el futuro del inmigrante ilegal sin un lado demasiado humano. El escritor obliga al lector a plantearse continuamente cuestiones a lo largo del relato: ¿Es justo el trato al inmigrante? ¿Quiénes son los verdaderos causantes de la emigración marroquí? ¿Es posible un mestizaje cultural? ...

Lorman muestra en sus trabajos gran sensibilidad hacia los temas que afectan a la sociedad actual. En esta obra aborda el tema de la inmigración y los derechos humanos con un estilo sencillo y directo, muy visual, aunque no por ello restándole fuerza narrativa a la historia. El mensaje del autor llega de forma clara y condundente: las fronteras están sobre el papel, el racismo existe también en las conductas cotidianas y en la mezcla está la riqueza. El único camino posible ante la inmigración es aceptar la "diferencia" desde el respeto y la tolerancia.

Silvia Vega Ordóñez

*A todos aquellos que, como Saíd,
se lanzaron a la aventura de emigrar
y sólo hallaron hostilidad y desprecio.*

Agradezco su colaboración a SOS Racismo, al Centro de Información para Trabajadores Extranjeros de Comisiones Obreras (CITE), al Centro de Servicios Sociales de Ciutat Vella, al Centro de Inmigración de Cáritas Diocesana y, especialmente, a Núria Vives, Ita Espinosa, Cristina Zamponi, Xavier Olivé, Kahlib Farsan, Jordi Capdevila y Álex Masllorens.

"Crecer también es saber que la tristeza
y hasta la afrenta no son, por suerte,
exclusivas de los viles, sino un grotesco
patrimonio de todos, y que por los ojos
de los marginados, de los pobres, de los vencidos,
se nos va a todos el gozo de vivir
armoniosamente y con alegría."

MIQUEL MARTÍ I POL

1 Harrag

El patrón de la patera detuvo el motor y se encaró con los cinco hombres que llevaba a bordo. El súbito silencio parecía hacer la noche todavía más oscura. Apenas se veían unos a
5 otros, pese a que estaban en una embarcación de seis metros escasos de eslora.

—Final de trayecto —dijo el patrón con voz ronca—. Ahora tenéis que saltar al agua y alcanzar la playa nadando.

Los hombres lo miraron, sorprendidos. Parada, la
10 embarcación se movía de un lado a otro como si fuese un corcho. No se podía decir que la mar estuviese picada, pero tampoco estaba en calma.

—¿Qué dices? —saltó uno de ellos—. ¿Te has vuelto loco?

—Yo no sé nadar —dijo Saíd, el más joven.

15 —¿Y las bolsas? —apuntó otro.

—Ya os las guardaré yo —contestó el patrón con sorna.

—¡Pero si no se ve la costa!

—¡Claro que se ve! Mirad aquellas luces de allí... Ahora. ¿Las veis...? Lo que pasa es que el oleaje las oculta, pero la playa está
20 a menos de quinientos metros. De eso podéis estar seguros.

—El trato no era éste. Tienes que llevarnos hasta la playa.

—Mira, amigo, yo no me la juego. Hay mucha vigilancia y no quiero quedarme sin barca. Además, el trato era que os llevaría hasta la costa española. Pues ahí delante la tenéis.

25 —¡Eres un cabrón! ¡No saltaremos!

---

1 **Harrag** *marroq* emigrantes que cruzan clandestinamente el estrecho de Gibraltar en una embarcación – 2 **una patera** barco rústico y pequeño usado normalmente por los emigrantes para cruzar el estrecho de Gibraltar – 2 **encararse** ponerse frente a up con actitud violenta – 6 **escaso** que no llega, poco menos de – 6 **la eslora** longitud del barco – 7 **un trayecto** camino recorrido *aquí*: viaje – 7 **una voz ronca** fuerte y profunda – 11 **un corcho** Kork – 11 **(una mar) picada** revuelta, con muchas olas (kabbelig) – 15 **apuntar** señalar, dar una información – 16 **con sorna** burlándose, irónicamente – 19 **el oleaje** olas – 21 **un trato** acuerdo (Abmachung) – 22 **jugársela** *coloq* arriesgar *la vida*, ponerse en peligro – 22 **la vigilancia** control – 23 **una barca** barco pequeño *p ej* para *pescar* (fischen) – 25 **un cabrón** *coloq* insulto: up que actúa mal contra otra (Arschloch)

—¡Ya lo creo que saltaréis! —dijo el patrón endureciendo el rostro y cogiendo una barra de hierro que había junto al timón—. ¿Verdad que saltarán, Sherif? —añadió dirigiéndose al marinero que estaba en la popa, detrás de los hombres.

5 —¡Claro, patrón! ¿Quién quiere que sea el primero?

Y mientras decía esto, Sherif se levantó. Era un hombre corpulento y de cara ancha, oculta tras una barba negra y rizada. En las manos llevaba uno de los remos de la barca, que blandía amenazadoramente.

10 —Ese bravucón que acaba de decir que no van a saltar —respondió el patrón, sonriendo—. Le haremos dar ejemplo.

El marinero tocó con el remo el hombro de Abdeslam.

—No podéis hacernos eso. Moriremos ahogados —se lamentó el que estaba al lado de Abdeslam—. No podemos
15 nadar quinientos metros con esta mar y de noche.

—Sois jóvenes y fuertes —dijo el patrón—. Seguro que podéis hacerlo. Uno es capaz de cualquier cosa cuando no tiene otra alternativa. Y os aseguro que no la tenéis. ¿Verdad que no, Sherif?

20 —No, patrón, no les queda otra alternativa. Venga, tú, levántate —y volvió a golpear el hombro de Abdeslam, esta vez un poco más fuerte.

Abdeslam se levantó lentamente y, de pronto, se abalanzó sobre Sherif. Fue un gesto desesperado e inútil porque el
25 marinero, que esperaba una reacción como aquélla, le clavó el remo en el pecho y lo empujó hacia atrás con todas sus fuerzas. Abdeslam tropezó con el hombre que tenía a su lado, perdió el equilibrio y cayó por la borda. En el último momento

---

1 **endurecer** hacer uc severo, insensible (→ duro) – 2 **un rostro** cara – 2 **el hierro** Eisen – 3 **un timón** Steuer – 3 **añadir** decir uc más – 4 **la popa** parte posterior de un barco – 8 **rizado** ≠ liso (glatt, eben) – 8 **un remo** Paddel – 9 **blandir** *un arma* (Waffe) (schwingen) – 9 **amenazador** con intención de hacer uc mala – 10 **un bravucón** *coloq* up que quiere parecer valiente (Maulheld, Prahlhans) – 12 **un hombro** Schulter – 13 **ahogado** sin aire *aquí*: por el agua – 14 **lamentarse** quejarse – 17 **ser capaz de uc** poder hacer uc, tener habilidad para uc – 23 **abalanzarse sobre up** saltar, tirarse – 25 **clavar** meter uc por la fuerza en un cuerpo – 26 **un pecho** Brust – 27 **tropezar** stolpern – 28 **la borda** límite de los lados del exterior de un barco (Reling)

pudo agarrarse al escálamo. Al verlo, Sherif descargó un golpe brutal en las manos de Abdeslam, que con un grito de dolor se soltó y desapareció en la noche.

—¡Asesinos! —gritó desde el agua. Pero ya no se le veía.

5 Dos de los hombres aprovecharon que Sherif se había quedado inclinado cerca de la borda para lanzarse sobre él e intentar tirarlo al agua, pero el gigantón aguantó la embestida. Un golpe de mar derribó a los tres, que cayeron por la borda hechos un ovillo.

10 —¡Patrón! —gritó Sherif, chapoteando frenéticamente.

El patrón levantó la barra de hierro, amenazador.

—¡Venga, vosotros dos al agua!

Pero ni Saíd ni el otro se movieron.

—¡Por Alá que vais a saltar al agua! —dijo el patrón, 15 apartándose del timón y acercándose a los dos que quedaban a bordo.

—¡Patrón, ayúdeme! —volvió a gritar Sherif.

Su voz era desesperada. El oleaje lo alejaba de la barca y, pese a que braceaba para acercarse, no lo conseguía. De los otros 20 dos, igual que de Abdeslam, no se veía ni rastro. Seguramente habían optado por nadar hacia la costa, o quizá se habían ahogado. Al ver que el patrón se acercaba, el compañero de Saíd se levantó del asiento y después de murmurar un apresurado «que Alá me proteja», se lanzó al agua. Saíd, con un 25 gesto rápido, cogió el otro remo del fondo de la embarcación y plantó cara al patrón.

—¡Ayuda!

La voz de Sherif se oía cada vez más lejana.

---

1 **agarrarse a uc** sujetarse a uc – 1 **un escálamo** *naut* Ausleger – 1 **descargar** *un golpe* dar un golpe, golpear con violencia – 3 **soltarse** ≠ agarrarse, liberarse – 4 **un asesino** up que mata – 5 **aprovechar** hacer buen uso de uc – 6 **inclinado** ≠ recto, echado hacia adelante – 7 **tirar** werfen – 7 **aguantar** soportar (aushalten) – 7 **una embestida** ataque violento – 8 **derribar** tirar al suelo – 9 *estar* **hecho un ovillo** *loc coloq encogerse* (zusammenschrumpfen), doblarse sobre sí mismo *aquí:* por miedo – 10 **chapotear** mover pies y manos en el agua haciendo ruido – 15 **apartarse** separarse de uc – 19 **bracear** mover los brazos para moverse en el agua – 20 **un rastro** huella (Spur) – 23 **murmurar** hablar muy bajo casi sin entenderse – 24 **apresurado** rápido (→ prisa) – 26 **plantar cara a up** *loc* encararse, enfrentarse

—Así que quieres gresca, ¿eh, chico? —dijo el patrón, deteniéndose justo a la distancia del remo.

—No sé nadar —repitió Saíd con un hilo de voz.

—Pues tendrías que haber aprendido.

5 El balanceo de la embarcación hacía difícil mantenerse en pie. Por eso, cuando el patrón vio que Saíd se desequilibraba ligeramente, aprovechó la circunstancia para acercársele. El muchacho, en lugar de intentar mantener el equilibrio, se dejó caer al fondo de la barca, al tiempo que giraba el remo 10 con todas sus fuerzas. El patrón recibió el golpe de la pala del remo en pleno rostro y cayó de lado sobre la borda. Antes de salir del aturdimiento del trompazo, sintió que la punta del remo se le clavaba en el costado y lo empujaba con fuerza. Instintivamente, se agarró a él y, cuando Saíd lo soltó, remo 15 y patrón cayeron al agua. Saíd vio que el hombre asomaba la cabeza junto a la embarcación y estiraba los brazos hasta agarrarse a la borda, pero, pese a sus esfuerzos, no conseguía subir.

—¡Hijo de puta, ayúdame a subir!

20 Pero Saíd no se movía; estaba quieto, sentado en el banco de madera, mirando hipnotizado al patrón, que intentaba subir una y otra vez sin lograrlo.

—¡Te llevaré a la playa! ¡Te lo juro por Alá!

Si el patrón hubiese visto la mirada inexpresiva de Saíd, 25 habría comprendido enseguida que aquel muchacho de poco más de dieciocho años, que había decidido emprender la aventura de emigrar, no le ayudaría. Estaba demasiado alterado por la brutalidad de la escena que acababa de vivir y no tenía ni el valor ni las fuerzas suficientes para enfrentarse a

---

1 **una gresca** Streit – 3 **un hilo de voz** voz baja y débil – 5 **un balanceo** movimiento de un lado a otro – 5 **mantenerse en pie** ≠ caerse – 9 **al fondo** al final – 10 **una pala** *de remo* parte plana – 11 **en pleno** *loc aquí*: en el centro – 12 **el aturdimiento** estado de confusión por un golpe – 12 **un trompazo** golpe fuerte – 12 **una punta** extremo agudo *p ej* de un arma (Spitze) – 13 **un costado** lado del cuerpo – 15 **asomar** sacar, salir hacia afuera – 16 **estirar** langziehen – 19 **hijo de puta** *insulto:* Hurensohn, Arschloch – 20 **quieto** sin moverse – 26 **emprender** empezar, comenzar – 28 **alterado** perturbado, excitado, nervioso

él de nuevo; lo dejaría allí colgado, sin hacer nada, hasta que el agotamiento y el frío lo rindiesen y entregase su cuerpo al mar.

—¡No puedo más! ¡Ayúdame! ¡Alá te maldecirá toda la vida si me dejas morir!

5 Por toda respuesta, Saíd cerró los ojos, se tapó los oídos y comenzó a murmurar los noventa y nueve nombres de Alá.

—Alá el Clemente, Alá el Misericordioso, Alá el Rey, Alá el Santo, Alá el Dios de la Paz, Alá el Fiador...

La tradición musulmana decía que quien conociese todos los 10 nombres de Alá entraría en el Paraíso, hiciese lo que hiciese.

Cuando Saíd vio entrar a Hussein en la panadería, no podía creérselo.

—¡Hussein! ¿Qué haces aquí?

Los dos amigos se abrazaron.

15 —He venido a ver a la familia.

—Creía que ya no te acordabas de nosotros. ¿Cómo estás?

—Bien, muy bien.

—Saíd, tienes trabajo, ya charlaréis en otra ocasión —graznó la voz desagradable de Mahmut, el panadero.

20 —Tú, tan amable como siempre, ¿verdad, Mahmut? —dijo Hussein con ironía—. Bien, ya me voy. No quiero distraer a tu esclavo.

Saíd se sintió incómodo por el calificativo de su amigo.

—Es que tengo que ir a repartir el pan —dijo, deseoso de 25 evitar una disputa entre su patrón y Hussein—. A mediodía estaré listo. Si quieres, quedamos.

—De acuerdo. Yo estaré en casa. Pasa a recogerme.

---

2 **agotamiento** cansancio extremo – 2 **rendir** cansar, fatigar, vencer – 2 **entregar** dar – 3 **maldecir** fluchen – 7 **clemente** que perdona – 7 **misericordioso** que perdona los pecados y ayuda a los demás – 8 **fiador** que confía en up – 18 **una ocasión** *aquí*: momento – 18 **graznar** gritar de algunos pájaros (krächzen) – 21 **distraer** desconcertar, apartar la atención de uc (ablenken) – 24 **repartir** distribuir, entregar uc que se ha pedido – 25 **evitar** vermeiden – 25 **una disputa** discusión – 27 **recoger a up** ir a buscar a up a un lugar

Cuando Hussein salió de la panadería, Mahmut se encaró con Saíd.

—No sé por qué tiene que venir a verte aquí ese fanfarrón. ¿No sabe que estás trabajando?

5 —Sólo ha entrado a saludarme. Hacía más de dos años que no nos veíamos.

—¿Y no podía esperar a que terminases?

Saíd optó por no decir nada más y continuó poniendo el pan en la cesta para salir a repartirlo. Mahmut estaba cada vez más 10 desagradable, y la única forma de evitar broncas era no llevarle la contraria. Aun así, no había día en que no se enzarzasen por una cosa o por otra. Llevaba cinco años trabajando en la panadería, y Mahmut debía de pensar que era el mismo chaval que cuando comenzó; no quería darse cuenta de que ya no 15 podía regañarle como a un crío. A Saíd cada vez le costaba más morderse la lengua para no mandarlo al cuerno. Si no hubiera sido porque necesitaban el dinero en casa y el trabajo estaba tan mal, ya lo habría plantado. Sólo faltaba la arpía de su mujer, desconfiada hasta el extremo. Cuando el muchacho volvía de 20 repartir, ella contaba y recontaba el dinero que le entregaba, y pobre de él si faltaba un solo dírham. Entonces lo trataba de ladrón, por lo menos. Ya podía explicarle que alguien no le había podido pagar, que le pagaría la próxima vez. «Pues si no paga, no le dejes el pan», le decía ella. Para evitarse problemas, 25 Saíd había tomado una decisión: cuando ocurría eso ponía el dinero de su bolsillo y lo cobraba más adelante, que a menudo no era cuando les llevaba pan otra vez, sino cuando podían. En el barrio no sobraba el dinero.

---

3 **un fanfarrón** *coloq* up que intenta mostrar lo que no es *p ej* valiente – 9 **una cesta** Korb – 10 **una bronca** discusión, disputa ruidosa – 10 **llevar la contraria a up** *loc coloq* decir o hacer lo contrario de lo que up quiere – 11 **enzarzarse** discutir, pelearse – 13 **un chaval** *Esp coloq* niño o joven – 14 **darse cuenta de uc** notar (merken, feststellen) – 15 **regañar a up** *coloq* reñir a up (ausschimpfen) – 15 **un crío** niño – 16 **mandar a up al cuerno** *loc coloq* mostrar desacuerdo sobre lo que up dice o hace – 18 **plantar** *coloq* abandonar a up – 18 **una arpía** *coloq* mujer mala o que quiere sacar uc de up – 21 **un dírham** moneda de Marruecos (MAD); (1 euro =aproximadamente 11 MAD) – 21 **tratar a up de uc** *aquí:* llamar a up uc, decir de él, opinar uc – 22 **un ladrón** up que roba – 28 **sobrar** haber más de lo necesario de uc

Hussein y Saíd habían crecido juntos en el mismo callejón del barrio más pobre de Xauen. Hussein era mayor que Saíd y eso había hecho que éste lo mirara siempre con admiración y respeto. Para él, rodeado de hermanas (tenía cuatro hermanas,
5 dos mayores que él y dos más pequeñas), Hussein había sido como el hermano que le hubiese gustado tener. Por eso sintió tanto que decidiera irse a buscar trabajo en el extranjero. Habían pasado casi tres años y todavía recordaba sus palabras:
—Me voy, Saíd. Estoy harto de esta miseria, y la única forma
10 que tengo de salir de ella es marcharme al extranjero.
—¿Y qué dicen tus padres?
—No les gusta la idea, pero los he convencido. Boutahar está trabajando en Marsella y manda dinero a su casa. Y Abdelkader está en París. A todos les va mejor que aquí.
15 —¿Y no sientes dejar el barrio, los amigos…?
«A mí», pensó Saíd, pero no lo dijo.
—No. Este barrio no me ha dado nada. Ni en mi infancia, ni ahora. Así que yo tampoco le debo nada.
Aunque Saíd era consciente de que su relación había ido
20 cambiando a medida que se hacían mayores, las ásperas palabras de Hussein le dolieron. Al crecer, Hussein se había convertido en un muchacho inquieto y ambicioso, lleno de amargura; no había en el barrio ningún trabajo que le gustase, y al final siempre se despedía de mala manera. Precisamente,
25 Saíd entró de ayudante del panadero cuando Hussein dejó el trabajo sin más ni más. «Mañana no vendré», le dijo Hussein a Mahmut un día. «Estoy harto de hornear y repartir pan, y de aguantarte a ti y a la roñosa de tu mujer.» Y en efecto, no

---

1 **un callejón** calle muy estrecha – 2 **Xauen** ciudad situada en el noroeste de Marruecos cerca de Tetuán – 4 **rodeado** con uc alrededor (umgeben) – 9 **estar harto de uc** *loc coloq* cansado (die Nase voll haben) – 10 **marcharse** irse – 12 **convencer a up** conseguir que up haga o piense uc – 18 **deber uc a up** adeudar (schulden) – 19 **ser consciente de uc** darse cuenta – 20 **a medida que** según – 20 **áspero** ≠ suave – 22 **inquieto** ≠ tranquilo, up que busca cambios – 23 **la amargura** tristeza, frustración – 24 **despedirse de un trabajo** dejar, abandonar – 26 **sin más ni más** *loc coloq* precipitadamente, sin decir uc antes – 27 **hornear** → horno – 28 **aguantar a up** soportar (ertragen) – 28 **roñoso** ≠ generoso; tacaño, avaro

volvió más. Después estuvo unos meses en una barbería, y de la barbería pasó al hotel A Asmaa, el mejor de Xauen, pero tampoco allí estuvo mucho tiempo. Saíd recordó que, cuando se marchó al extranjero, Hussein trabajaba como camarero en
5 un café de la plaza del mercado.

Los dos amigos se encontraron al mediodía y Hussein invitó a Saíd a tomar un refresco. Salieron de casa y se dirigieron al mercado. Por el camino, Saíd advirtió por primera vez el cambio que se había producido en Hussein. Iba bien vestido,
10 con un conjunto de camisa y pantalón vaqueros de marca y llevaba un buen reloj en la muñeca.

—Parece que te van bien las cosas.

—No me puedo quejar —dijo Hussein, displicente.

—¿Y por qué te quedaste en Barcelona?

15 —Por casualidad. Iba hacia París y me detuve en Barcelona. La ciudad se estaba preparando para los Juegos Olímpicos y había bastante trabajo. Pregunté en un par de obras si necesitaban gente, y me cogieron. Y ya no me he movido.

—¿Y aún trabajas en la construcción?

20 —No, eso fue al principio. Después cambié, era demasiado duro. Trabajaba un montón de horas y cobraba una miseria. Además, cuando terminaron las obras olímpicas, dejó de haber trabajo.

—Y ahora, ¿qué haces? —preguntó Saíd.

25 —Negocios —contestó Hussein con una sonrisa misteriosa.

A pesar de que era la hora de más sol, en las calles que rodeaban el mercado todavía había gente. En la plaza, los vendedores recogían los puestos, y el suelo estaba lleno de papeles, cartones, cajas vacías, plásticos y basura. Los dos
30 jóvenes la atravesaron y cuando Saíd creía que iban a entrar

---

1 **una barbería** peluquería (→ barba) – 7 **un refresco** bebida fría – 7 **dirigirse a** ir a un lugar determinado – 8 **advertir** darse cuenta, notar – 11 **una muñeca** *de la mano* Handgelenk – 13 **displicente** desagradable, seco – 17 **una obra** Baustelle – 26 **a pesar de que** aunque – 27 **rodear** estar alrededor de uc – 28 **recoger uc** guardar, poner uc en lugar seguro – 28 **un puesto** tiendecilla en la calle para vender uc (Verkaufsstand) – 30 **atravesar** cruzar

en el café donde había trabajado Hussein, éste lo cogió por el brazo y tiró de él.

—Ven, quiero enseñarte una cosa.

Dejaron la plaza y Hussein lo condujo hasta la avenida de
5 Hassan II. Cuando llegaron delante de un coche con matrícula española, Hussein se detuvo, sacó las llaves del bolsillo y lo abrió.

—Venga, sube, que vamos a dar una vuelta.

—¿Es tuyo este coche? —preguntó Saíd, admirado.
10 —Del todo.

El coche no era una maravilla, pero arrancó a la primera, y los dos amigos se dirigieron a la plaza de Mohammed y, desde allí, a la carretera general.

—Te habrá costado un dineral —insistió Saíd, que no
15 acababa de creerse que su amigo tuviera un coche.

—Trescientas mil pesetas. Unos veinticinco mil dírhams. Es de segunda mano, pero va bastante bien. He venido desde Barcelona hasta aquí sin ningún problema.

Mientras veía correr el paisaje a una velocidad inusual, Saíd
20 pensaba que, en efecto, las cosas debían de ser diferentes en el extranjero. Para que su amigo hubiera podido comprarse un coche sólo tres años después de haber dejado el pueblo, tenían que serlo a la fuerza. Él nunca podría comprarse uno allí. Y su espíritu, normalmente tranquilo y resignado, se alteró con el
25 aguijonazo de la envidia. A él también le gustaría poder tener un coche a los veintidós años. Seguro que entonces Jamila no lo desdeñaría como ahora.

—¿Y tú, qué? ¿No te decides a dejar a ese desgraciado de Mahmut y marcharte? —Hussein continuó sin esperar la

---

4 **conducir** llevar a un lugar – 5 **Hassan II** rey de Marruecos hasta su muerte en 1999.
Actualmente el rey es Mohammed VI – 5 **una matrícula** placa para identificar un vehículo – 11 **ser una maravilla** *loc* uc singular, extraordinario, excelente – 11 **arrancar** *aquí*: ponerse en marcha, funcionar – 14 **un dineral** mucho dinero – 14 **insistir** repetir uc varias veces – 16 **una peseta** moneda española hasta 1999. 1 euro = 166 pesetas – 23 **a la fuerza** obligatoriamente, seguro – 24 **alterarse** inquietarse (alterado) – 25 **un aguijonazo** Stich – 25 **la envidia** deseo de uc que tiene otro – 27 **desdeñar** despreciar (verachten) – 28 **desgraciado** *aquí*: mala persona

respuesta de Saíd—. Si te quedas aquí no harás nunca nada.
Aquí no hay vida. La vida de aquí es ir tirando sin esperanza. ¿A
qué puedes aspirar? ¿A tener un día una panadería en nuestro
barrio? ¿Y qué es eso? Nada.

5 Saíd escuchaba a su amigo en silencio. Ya había pensado en
marcharse, pero le asustaba la idea. Allí, en el barrio, tenía la
familia, los amigos, el trabajo, la chica que le gustaba, y, a su
manera, era feliz. Él no era como Hussein: no tenía su iniciativa
y audacia. Por ejemplo, nunca se había atrevido a traficar con
10 hachís con los extranjeros, como hacía Hussein cuando estaba
allí, y como hacían la mayoría de los chicos del barrio. De
pequeño, casi nunca se había pegado a los turistas pidiendo, y
cuando lo hizo fue porque lo hacían todos sus amigos…

—Ya te lo dije cuando me marché y te lo vuelvo a decir ahora.
15 Saíd, deja el barrio y vete al extranjero. Aquí no hay nada que
hacer. Hemos nacido en la miseria y moriremos en la miseria si
no ponemos remedio. Y el único remedio es emigrar. Si quieres
venir a Barcelona… Yo ahora estoy bien instalado. Comparto
un piso con tres compañeros y habría sitio para uno más…

20 Las palabras de Hussein sumieron a Saíd en un mar de
contradicciones. ¡Claro que aspiraba a mejorar su situación,
que deseaba poder ofrecer a Jamila algo más que un sueldo de
miseria! Pero se resistía a pensar que la única forma de hacerlo
era dejar a la familia, a los amigos, el lugar donde había crecido,
25 y lanzarse a una aventura incierta. Claro que estando Hussein
en Barcelona podía ser todo diferente, más fácil; no tendría
que enfrentarse a la terrible situación de encontrarse solo en
un país extranjero, rodeado de gente a la que no entendía, y
sin casa, ni amigos, ni trabajo…

---

2 **ir tirando** mantenerse, sobrevivir – 3 **aspirar** desear uc más, llegar más lejos en la
vida – 6 **asustar** tener miedo de uc – 9 **la audacia** valor, atrevimiento (Wagemut) –
9 **atreverse a uc** tener valor para hacer uc – 10 **el hachís** droga para fumar – 12 **pegar**
estar muy cerca de uc o up (kleben) – 17 **poner remedio a uc** solucionar – 17 **un
remedio** solución – 20 **sumir** hacer caer en un estado determinado *p ej* tristeza – 20 **un
mar de contradicciones** muchas ideas contrarias entre sí – 23 **resistirse a uc** no querer,
oponerse, luchar contra uc – 25 **incierto** ≠ seguro – 27 **enfrentarse a uc** hacer frente
(gegenübersehen)

Continuaron hasta Sefliane y allí dieron la vuelta para regresar. El paisaje corría delante de la mirada de Saíd como si tuviese vida propia. Bajo el sol, el roquedal lucía sus mejores tonos terrosos, salpicados por el verde blanquecino de los
5 matojos. Aquélla era una tierra pobre, que a duras penas permitía sobrevivir a una población que se afanaba por sacarle algún provecho. Pero cada vez era más difícil, cada vez había más miseria en el pueblo. Por eso eran cada vez más los hombres que se marchaban. Algunos empezaban
10 probando fortuna en las ciudades grandes, Rabat, Casablanca, Mequinez o Marraquech, donde había fábricas; otros, como su amigo, optaban por ir directamente a Europa. Si obtenían el pasaporte, no había demasiados problemas para salir del país; pero si no lo conseguían, tenían que arriesgarse a salir
15 clandestinamente en alguna barca de pesca o como polizones en barcos de pasajeros o en mercantes. Y después de esta aventura comenzaba la de atravesar España y llegar a Francia, Bélgica o Alemania para buscar trabajo.

—¿Qué te parece el coche? Va bien, ¿verdad?
20 —¡Y tanto! ¡Es magnífico que puedas tener coche!

—Mis padres no se lo creían. El hijo que ya daban por perdido ha aparecido de golpe con un coche y cargado de regalos. Porque no veas la de cosas que he traído para todos. A ti también te he traído algo.
25 Saíd miró a Hussein entre sorprendido y curioso. Éste abrió la guantera del coche y sacó un paquete pequeño.

---

1 **dar la vuelta** girar, volver − 3 **un roquedal** lugar con muchas *rocas* (Felsen) − 4 **terroso** → tierra − 4 **salpicado** manchado, repartido (bespritzt mit) − 5 **un matojo** Gestrüpp − 5 **a duras penas** difícilmente − 6 **afanarse** trabajar duro, esforzarse − 7 **un provecho** beneficio − 10 **Rabat** capital de Marruecos desde 1956 − 10 **Casablanca** ciudad más grande y capital económica de Marruecos − 11 **Mequinez** ciudad al norte de Marruecos − 11 **Marraquech** *fr* una de las ciudades más importantes de Marruecos − 12 **obtener** conseguir − 14 **arriesgarse** ponerse en peligro − 15 **clandestinamente** sin permiso, ilegalmente − 15 **un polizón** up que viaja ilegalmente en un vehículo (blinder Passagier) − 22 **aparecer** dejarse ver, llegar − 22 **de golpe** *loc* de repente, de una vez − 22 **cargado** lleno de uc − 26 **una guantera** de un coche cajón delantero para guardar uc (→ guante)

—¿Qué es? —preguntó Saíd con un cierto brillo en los ojos.
Le había emocionado que su amigo se acordase de él.

—Míralo.

Saíd desenvolvió el paquete y se encontró con un reloj de
5 esfera negra.

—¡Es precioso!

—Venga, póntelo.

Saíd se puso el reloj en la muñeca y lo contempló, admirado.
Era su primer reloj.

10 —Gracias, Hussein —dijo con voz emocionada.

—¿Qué hora es? —preguntó Hussein, satisfecho. Saíd dudó.
No entendía demasiado aquel reloj: sólo tenía dos agujas y
rayitas; ni un solo número.

—Pues…, creo que es lo bastante tarde como para que
15 Mahmut me eche una bronca cuando llegue —dijo finalmente
Saíd.

Y los dos amigos rieron.

---

1 **un brillo** luz que da uc – 4 **desenvolver** quitar *p ej* el papel que tapa uc –
8 **contemplar** mirar uc con atención – 12 **una aguja** *del reloj* Uhrzeiger – 13 **una raya**
línea (Strich) – 15 **echar una bronca a up** reñir, discutir

2 A la deriva

Saíd volvió a mirar el reloj. Era la una del mediodía. Llevaba más de doce horas solo y a la deriva en medio de un mar cada vez más encrespado. No había sabido poner en marcha
5 el motor de la patera, y sin remos no podía dirigirla hacia la costa. El patrón tenía razón: con la primera luz del alba, Saíd había visto la costa española bastante cerca; pero, poco a poco, empujada por el viento y el oleaje, la embarcación se había ido alejando mar adentro, y ahora la costa sólo era una línea en el
10 horizonte. Al principio se había desesperado. ¡Estaba muy cerca de su objetivo y le era imposible alcanzarlo! Pero a medida que las horas pasaban, lentas, lentísimas, el agotamiento y la debilidad habían ido calmando su desazón hasta convertirla, casi, en una total indiferencia ante su suerte.

15 Cuando el patrón de la patera desapareció en la noche con una última petición de ayuda y él se quedó solo en la barca, Saíd se sintió presa del pánico. La oscuridad era aterradora, y el mar, un bramido constante que lo aterrorizaba. Al principio le pareció imposible sobrevivir a una noche como aquélla.
20 Creyó que no podría dominar el terror y que moriría de miedo antes de que saliera el sol. Lo único que había conseguido no saltando al agua era alargar su final. Y, encogido en un rincón de la barca, se dispuso a esperar la muerte. «No hay más Dios que Alá, y Mahoma es su profeta.»
25 Sin embargo, los minutos pasaban y él continuaba vivo; temblaba sin control, el mar lo zarandeaba, y era incapaz de pensar con claridad, pero estaba vivo. Y, poco a poco, sin darse

---

1 **a la deriva** *loc* sin rumbo, sin dirección − 4 **encrespado** alterado, con olas altas − 6 **el alba** primera luz del día − 9 **el mar adentro** lejos de la costa (seewärts) − 13 **la desazón** intraquilidad, *preocupación* (Sorge) − 17 **sentirse up presa del pánico** *loc* tener miedo extremo por un peligro seguro − 17 **aterrador** terror, que da mucho miedo − 18 **un bramido** ruido grande de las olas − 22 **alargar** hacer uc más larga o que dure más − 22 **un rincón** esquina, pequeño espacio en un lugar − 23 **disponerse a** prepararse, ponerse a − 26 **temblar** zittern − 26 **zarandear** mover de un lado a otro con violencia

cuenta, se fue adaptando a la nueva situación. De cuando en cuando veía en la lejanía la luz de una barca de pesca y se ponía a gritar como un loco. Pero era inútil: el rugido de las olas ahogaba los gritos de socorro.

5   Nunca se había sentido tan insignificante. Le parecía que su vida estaba en manos de las fuerzas naturales que movían aquella barca como si fuese una paja y que él era sólo un observador privilegiado de aquel espectáculo colosal. Una y otra vez, había intentado desesperadamente poner en marcha 10 el motor, pero no había podido. Finalmente, los esfuerzos y la tensión lo habían extenuado. No recordaba si se había adormecido o no; pero, de pronto, el cielo comenzó a clarear y el mar apareció a su alrededor como una masa negra y oscilante que le sostenía. Lentamente, las tinieblas se fueron 15 disipando, el agua adquirió un tono gris metálico y el cielo se iluminó. Con la luz, su espíritu se serenó un poco. ¡Había sobrevivido a la noche! Estaba helado y entumecido, pero vivo, y eso le animó.

   Entonces pensó por primera vez en su situación y se dijo que 20 si todavía no había naufragado, quizá debía empezar a hacerse a la idea de que aquella solitaria deriva podía durar muchas horas más, o incluso días, y que era preciso organizarse.

   Saíd registró la embarcación y encontró una botella de agua, pero nada de comida. La habían consumido toda durante 25 la travesía. Habían salido del pequeño puerto pesquero de Martil la madrugada anterior y navegaron durante todo el día.

---

1 **de cuando en cuando** *loc* a veces – 2 **la lejanía** distancia, a lo lejos – 3 **un loco** up que ha perdido la razón – 3 **un rugido** voz de animal *p ej* león; *aquí*: ruido muy fuerte – 4 **ahogar** *aquí*: tapar, no dejar oír – 4 **el socorro** petición de ayuda – 7 **una paja** Strohhalm – 11 **extenuar** agotar, cansar mucho hasta no tener fuerzas – 11 **adormecerse** empezar a dormirse – 12 **clarear** → claro; *aquí*: hacerse de día – 14 **sostener** mantener, sujetar – 14 **la tiniebla** falta de luz, oscuridad – 15 **disipar** separarse y desaparecer – 15 **adquirir** conseguir, llegar a tener uc – 16 **iluminar** dar, llenar de luz – 16 **serenar** tranquilizarse – 17 **entumecido** duro por falta de movimiento – 20 **naufragar** Schiffbruch erleiden – 20 **hacerse a la idea de uc** aceptar uc – 22 *ser* **preciso uc** necesario – 25 **una travesía** viaje – 26 **Martil** pequeña ciudad marroquí a 10 km de Tetuán – 26 **la madrugada** temprano en la mañana, *p ej* las 3 a.m

El patrón les había dicho que aquella ruta, mucho más larga que la que suele seguirse para cruzar el estrecho de Gibraltar, era la mejor para burlar la intensa vigilancia costera cerca de Algeciras; que no se preocupasen, que él los dejaría en una playa donde no había ningún peligro de que los cogiesen. ¡Cerdo!

Cuando Saíd pensaba en el patrón se estremecía y procuraba quitárselo de la cabeza enseguida. Quería olvidar sus gritos y sus súplicas, sus amenazas, sus maldiciones y, finalmente, su silencio. No quería preguntarse si había actuado bien o mal dejándolo morir. Estaba convencido de que, si le hubiese ayudado, aquel hombre lo habría matado. De hecho, él era el único testigo de su crueldad, y no habría dudado en eliminarlo. Todavía recordaba el tono burlón en que había pronunciado la frase «final de trayecto». ¡Hijo de puta! ¡Ojalá se pudriese en el fondo del mar para siempre!

¿Habrían podido llegar a la playa sus compañeros de viaje? Saíd quería creer que sí; aquella aventura que apenas acababa de empezar para todos ellos no podía terminar de una manera tan trágica y ridícula a la vez. Por decirlo así, engañados antes de salir de casa. Y si no habían llegado a la playa, le consolaba pensar que el patrón tampoco se había salido con la suya. Al fin y al cabo, aquel hombre perverso había encontrado lo que se merecía; sólo lamentaba haber sido él el brazo ejecutor de la justicia divina.

Saíd no pudo evitar volver a mirar el reloj. La una y diez. ¡Sólo habían transcurrido diez minutos desde la última vez! A

---

3 burlar evitar – **3 una vigilancia** control – **4 Algeciras** ciudad andaluza situada en el estrecho de Gibraltar – **7 estremecerse** temblar, sentir alteración en el ánimo – **7 procurar** intentar – **8 quitarse uc de la cabeza** *loc coloq* dejar de pensar en uc – **9 una súplica** petición sumisa (Flehen) – **9 una amenaza** posibilidad que uc malo puede pasar – **9 una maldición** → maldecir – **11 estar convencido de uc** seguro de uc – **13 un testigo** up que ha visto u oído uc (Zeuge) – **14 burlón** irónico, de risa – **15 pudrir** verderben – **20 ridículo** que produce risa, sin lógica – **20 engañado** mentido – **21 consolar** tranquilizar, hacer sentir mejor – **22 salirse up con la suya** *loc* hacer lo que quiere – **22 al fin y al cabo** *loc* después de todo, finalmente – **24 merecer up uc** etw verdienen – **24 el brazo ejecutor** verdugo (Henker) – **27 transcurrir** *el tiempo* pasar

lo largo de la mañana, el tiempo había cambiado; las nubes habían desaparecido empujadas por el viento del oeste, y el sol caía a plomo sobre la barca, que no paraba de bailar. De pronto se dio cuenta de que se había olvidado por completo del mareo
5 que lo mortificara el día anterior. No hay nada como tener una preocupación más grande para olvidarse de la más pequeña. La una y cuarto. Enojado consigo mismo por no poder resistir la tentación de mirar la hora una y otra vez, decidió quitarse el reloj de la muñeca y esconderlo. Si estaba tan pendiente del
10 tiempo, se le hacía aún más largo. En una ocasión, mientras observaba el mar sin percibir nada que no fuese idéntico al instante anterior, tuvo la sensación de que el tiempo se había detenido, que estaba atrapado en un punto muerto de la existencia y que permanecería allí, a la deriva, eternamente.
15 Fue un pensamiento fugaz, pero lo angustió mucho.

En un gesto impulsivo, contrario a su voluntad, sacó el reloj del bolsillo para mirarlo de nuevo. Había transcurrido un cuarto de hora. ¡Sólo un cuarto de hora! El hambre empezaba a mortificarlo. Sentía las tripas moverse y gruñir. Revolvió otra
20 vez el interior de la barca buscando algo para comer, pero no encontró nada. Cuando estaba a punto de abandonar la búsqueda, halló debajo del asiento del patrón, entre unas cuerdas, una caja de latón. La abrió: dentro había un sedal. Eso fue un consuelo. No había hallado comida, pero al menos
25 tenía un aparejo con el que podía conseguirla. Aunque no había pescado nunca, Saíd no dudó en cómo utilizar el sedal.

---

3 *caer* **a plomo** *loc coloq* con todo el peso, directamente y con fuerza – 4 **un mareo** Seekrankheit – 5 **mortificar** sentir dolor o preocupación por uc – 7 **enojado** enfadado – 9 **esconder** poner en un lugar para no ser encontrado o visto – 9 *estar* **pendiente de uc** atento, preocupado por uc que se espera que pase – 11 **percibir** notar, escuchar, oír – 13 **atrapado** cogido, que no puede escapar – 13 *estar* **en un punto muerto** sin movimiento, sin cambios – 15 **fugaz** que dura poco tiempo – 15 **angustiar** preocupar, hacer sentir mal – 16 **la voluntad** facultad de hacer o no lo que se quiere (Wille) – 19 **una tripa** Darm, Innereien – 19 **gruñir** *del cerdo aquí*: hacer ruido fuerte – 19 **revolver** registrar uc moviendo las cosas – 21 **estar a punto de** casi pasar uc – 22 **hallar** encontrar – 23 **una cuerda** Seil – 23 **el latón** Messing – 23 **un sedal** *hilo* (Faden) fino y fuerte para pescar – 24 **un consuelo** → consolar – 25 **un aparejo** objeto para hacer uc *p ej* pescar

Desenrolló rápidamente el hilo, enganchó en la punta del anzuelo un trocito de trapo untado con grasa del motor (no tenía ninguna otra cosa que pudiera servir de cebo) y lo lanzó al agua.

5 La pesca lo entretuvo unas cuantas horas. Casi sin darse cuenta, el sol comenzó a ponerse y aparecieron las primeras estrellas. El viento estaba en calma desde hacía rato y el mar tenía un aspecto tranquilo y silencioso. La costa española continuaba siendo una línea perceptible en la lejanía, y Saíd la 10 contemplaba hasta que le dolían los ojos.

Pero, a pesar de su perseverancia, no pescaba nada. Los peces llegaban, se acercaban al cebo, lo olían y se iban. No les resultaba nada apetitosa aquella bola negra de olor nauseabundo. Finalmente, Saíd pensó que, si les hacía creer 15 que el anzuelo era un ser vivo, quizá les haría más gracia. Y comenzó a dar tirones al hilo para que el cebo saltara dentro del agua. Cuando llevaba un rato empleando esta nueva técnica, pescó un pez que tendría un palmo de largo. Eso le animó bastante, y pensó que al menos podía alimentarse hasta que lo 20 recogieran. Pero a la hora de comérselo no lo vio tan claro. Con un cuchillo medio oxidado que encontró también en la caja de latón, cortó la cabeza del pez, lo abrió por la mitad y lo limpió. El animal desprendía un fuerte olor a mar, y su carne era de una viscosidad muy desagradable. Lo lavó antes de llevárselo 25 a la boca e hincarle los dientes sin pensárselo demasiado. Tuvo que hacer un esfuerzo para retener en la boca el trozo que había cortado. Empezó a masticarlo despacio; pero, enseguida,

---

1 **desenrollar** abrollen – 1 **enganchar** sujetar, atar – 2 **un anzuelo** Angelhaken – 2 **un trapo** trozo de tela – 2 **untar** schmieren – 2 **la grasa** Fett – 3 **un cebo** uc que se usa para atraer (Köder) – 5 **entretener** distraerse, hacer pasar el tiempo – 6 **ponerse el sol** anochecer, hacerse de noche – 9 **perceptible** que se ve o se nota (→ percibir) – 11 **la perseverancia** constancia, insistencia – 14 **nauseabundo** muy malo, que causa *asco* (Ekel) – 15 **hacer uc gracia** *loc* parecer uc divertido, interesante o agradable – 16 **un tirón** Zerren (→ tirar) – 17 **emplear** usar, utilizar – 18 **un palmo** longitud de la mano – 21 **oxidado** angerostet – 23 **desprender** soltar, producir, dar – 25 **hincar el/los dientes a uc** *coloq* comer uc difícil de *masticar* (kauen) – 26 **retener** ≠ escapar, no dejar salir

el asco le hizo escupirlo, y tuvo que beber un sorbo de agua para quitarse el mal sabor que le había dejado. Se sentía débil y sabía que tenía que comer, pero no podía tragar el pescado crudo. Eso lo desesperó.

5 La noche volvía a echársele encima, y le aterraba tener que enfrentarse de nuevo a la oscuridad y al bramido del mar. Había comenzado a soplar un viento suave, ahora de levante, y automáticamente el mar había vuelto a rizarse. La embarcación, dócil al ritmo de las olas, se balanceaba con la 10 cadencia de un columpio. Las horas de tranquilidad habían sido pocas.

Al oscurecer, Saíd se había abrigado con dos jerséis, uno suyo y otro sacado de la bolsa de un compañero, pero ahora volvía a sentir frío. Los dientes comenzaron a castañetearle, aunque no 15 sabía muy bien si de frío o de miedo. Jamás había imaginado que podría llegar a sentirse tan desvalido. Y sin poderlo evitar se puso a llorar. Primero en silencio, después con fuertes sollozos, que sacudían todo su cuerpo. No recordaba haber llorado nunca de aquella manera. Al cabo de un rato se calmó 20 y se sintió mejor. El oleaje no era tan fuerte como la noche anterior, y pensó que sólo era cuestión de resistir hasta que alguien lo encontrase. Estaba cerca de la costa española, y los barcos pesqueros salían todos los días; seguro que alguno de ellos lo encontraría.

25 Confortado con este pensamiento, Saíd volvió a plantearse que tenía que comer. Si cortaba el pez en trocitos pequeños, quizá podría engullirlos. La noche también era más clara que

1 **escupir** echar por la boca uc (spucken) – 1 **un sorbo** trago (Schluck) – 3 **tragar** schlucken – 4 **crudo** ≠ cocido, ≠ preparado – 5 **echarse la noche encima** llegar, hacerse de noche – 7 **soplar** wehen – 7 *viento* **de levante** del este – 8 **rizarse** el mar encresparse, tener mucho oleaje – 9 **dócil** suave, apacible, ≠ rebelde – 9 **balancear** → balanceo (schwanken) – 10 **un columpio** silla colgada para balancearse (Schaukel) – 12 **abrigarse** protegerse del frío (→ abrigo) – 14 **castañetear** hacer sonar los dientes – 16 **desvalido** que no se vale por si mismo, abandonado – 18 **un sollozo** respiración entrecortada al llorar – 18 **sacudir** mover con violencia – 19 **al cabo de** después de – 25 **confortado** animado, consolado – 25 **plantearse** uc pensar, *considerar* uc (bedenken) – 27 **engullir** comer rápidamente casi sin masticar

la anterior: una media luna arrancaba reflejos oscilantes del agua, y las estrellas eran destellos de luz en la oscuridad del cielo. Después de ponerse una chaqueta que encontró en otra bolsa, Saíd se dedicó a la tarea de cortar trocitos de pez y

5 llevárselos a la boca. De este modo se comió casi la mitad. Esa comida frugal tuvo la virtud de hacer que se sintiera harto y se animara todavía más. Ya sabía cómo debía comerse el pescado crudo para que el estómago lo soportase. Y, a pesar de las circunstancias, aquel pequeño éxito le hizo sentirse feliz.

10 Superada la crisis inicial, se planteó más serenamente la segunda noche en el mar. Con la ropa sacada de todas las bolsas improvisó un lecho entre los asientos de la barca y se tumbó encima. En esta posición estaba algo resguardado del viento, pero el olor a pescado podrido y a gasóleo era más

15 fuerte. Al cabo de un rato, Saíd ya se había acostumbrado y, resignado a su suerte, se dedicó a contemplar el firmamento. Imaginó que los miles y miles de estrellas que había encima de él eran ventanitas por donde la mirada de Alá vigilaba a cada hombre y a cada mujer. En aquellos momentos, Alá, que

20 ya se había dado cuenta de la difícil situación de Saíd, debía de estar organizando las cosas para salvarlo. Y le rogó que no tardase mucho en hacerlo porque ya no le quedaba agua y no sabía cuánto tiempo podría aguantar a base de pescado crudo. También pensó que todo lo que le pasaba era quizá

25 un aviso o un castigo. Quizá, Alá no veía con buenos ojos que abandonase su casa y su tierra y se fuese a vivir al extranjero, entre cristianos. Quizá era eso. Pero si no quería tal cosa, ¿por qué le tenía tan olvidado? ¿Por qué lo había condenado a vivir tan miserablemente? ¿Qué había hecho para no merecer una

---

1 **arrancar** sacar, coger uc de un lugar con fuerza – 2 **un destello** brillo intenso y momentáneo – 6 **frugal** pobre en cantidad – 6 **la virtud** capacidad, poder, habilidad – 6 **harto** satisfecho, lleno – 10 **superar** vencer una dificultad (überwinden) – 10 **sereno** tranquilo – 12 **un lecho** cama – 13 **tumbarse** echarse, acostarse – 13 **resguardado** protegido – 14 **podrido** en muy mal estado (→ pudrir) – 18 **vigilar** bewachen – 21 **rogar** pedir uc con súplicas – 25 **un aviso** indicio, señal – 25 **un castigo** Strafe – 28 **condenar** verurteilen

vida mejor? Y su padre, un hombre creyente y bueno, siempre dispuesto a ayudar a la gente del barrio, ¿qué había hecho para merecer una vida tan dura y difícil como la que llevaba? No, él no regresaría ahora; había tomado una decisión y no daría
5 marcha atrás. Si Alá lo salvaba, le daría las gracias, pero no volvería a Xauen, al menos mientras no consiguiera el dinero suficiente para hacerlo en otras condiciones. Él no renegaba del barrio como Hussein, le dolía marcharse, pero tenía que intentarlo, por él, por su familia, por su futuro, y si no se
10 marchaba ahora, después sería peor. Ahora dejaba a los padres, a las hermanas, a los amigos; pero cuando tuviera que dejar también una esposa y unos hijos, sería mucho más doloroso. Era terrible que la vida separase a las familias de aquella manera. Alá debería hacer algo para evitarlo. No era bueno que
15 un hombre tuviese que abandonar a su familia para abrirse camino y no verla padecer hambre. No era bueno ni era justo. Nadie debería verse obligado a abandonar la tierra que lo ha visto nacer para poder vivir: allí tiene sus raíces, las vivencias que han configurado su ser, y le costará mucho olvidarlas, si lo
20 hace: «¡Ojalá pueda regresar pronto con dinero y Jamila acepte casarse conmigo!», pensó Saíd con nostalgia. Y, olvidándose por completo de su condición de náufrago, se durmió y soñó con un futuro lleno de felicidad.

Un ruido continuo lo despertó sobresaltado. Todavía estaba
25 oscuro. Saíd levantó la cabeza y vio a unos cuarenta metros un barco que navegaba directamente hacia donde él estaba. Se incorporó rápidamente y se puso a gritar con todas sus fuerzas. El barco no era muy grande, pero no había duda de que, si chocaban, destrozaría su embarcación. ¡Veinte metros!
30 Y nadie oía sus gritos ni veía la barca. Saíd pensó que no iba a tener más remedio que lanzarse al agua. Era el final. Un

4 dar marcha atrás *fig loc* no continuar con los planes (Rückzieher) – 7 **renegar** rechazar (abwehren) y negar uc *p ej* la religión – 16 **padecer** sufrir, pasar – 18 **una raíz** Wurzel – 18 **una vivencia** experiencia – 19 **configurar uc** hacer, dar forma – 22 **un náufrago** → naufragar – 24 **sobresaltado** asustado, de un salto – 27 **incorporarse** levantarse – 29 **destrozar** romper uc completamente – 31 **no tener más remedio** *loc* tener necesidad de uc

final tan ridículo como el principio. Más de veinticuatro horas deseando desesperadamente ver un barco que lo rescatase, y cuando aparecía, le hundía la barca y lo ahogaba. El impacto era inminente.

5 —¡Vire, patrón, vire! —la voz salía de la proa del barco de pesca.

Un instante antes del choque, la proa del pesquero se desvió hacia babor y la patera pasó rozando el casco con un crujido estremecedor. Saíd, que no había llegado a saltar al agua, 10 cayó encima de los asientos de la embarcación y rodó hasta la borda, dándose un golpe en la cabeza.

—¡Maldita sea! ¿Con qué hemos topado?

—¡Es una barca, patrón! ¡Y hay alguien a bordo!

El patrón quitó la marcha, pero la inercia llevó el pesquero 15 unos cuantos metros más allá de la patera.

—¿Estás seguro de que hay alguien?

—No lo sé. Ha sido todo muy rápido.

El patrón puso la marcha lenta y viró hasta situarse al lado de la barca. Las luces del pesquero iluminaron la patera. Saíd 20 estaba entre los asientos de madera y no se movía.

—¡Hay un hombre! —gritó uno de los pescadores.

—Parece muerto —comentó otro.

—Que baje alguien —ordenó el patrón.

Los pescadores descolgaron una escala de cuerda y uno de 25 ellos saltó a la patera.

—¡Es un muchacho, un muchacho marroquí! ¡Está vivo! —gritó después de examinar a Saíd.

—Venga, subidlo —dijo el patrón.

---

2 **rescatar** salvar, librar de un peligro – 3 **ahogar** morir al tragar demasiada agua – 5 **virar** girar – 5 **la proa** ≠ la popa, parte delantera de un barco – 7 **desviarse** apartarse, alejarse del camino seguido – 8 **babor** lado izquierdo de un barco – 8 **rozar** pasar uc tocando ligeramente otra cosa – 8 **el casco** *de un barco* parte exterior, cuerpo (Rumpf) – 8 **un crujido** ruido que se hace al romper o rozar uc – 9 **estremecedor** que da miedo – 10 **rodar** girar, dar vueltas – 12 **¡Maldita sea!** *loc interj coloq* expresa enfado (Verdammt!) – 12 **toparse con uc** chocar, encontrarse – 14 **una marcha** Gang – 14 **la inercia** resistencia a cambiar de dirección una fuerza externa – 24 **una escala** Leiter

Los pescadores subieron a Saíd a bordo y lo echaron sobre una litera. Después de refrescarle el rostro, el muchacho volvió en sí.

—Ya se recupera —dijo el pescador que lo había subido.

5 —¿Cómo te llamas? —preguntó el patrón a Saíd.

Pero Saíd, demasiado aturdido todavía, no escuchó la pregunta.

—¿Entiendes el español, chaval?

Saíd miró a los pescadores con curiosidad.

10 —¿Dónde estoy? —preguntó en bereber.

—En un pesquero. Te hemos recogido de una barca. ¿Te acuerdas? —le contestó uno de los pescadores, también en bereber.

—¿Se puede saber qué estáis diciendo? —preguntó el patrón

15 al pescador marroquí.

—¿Podéis darme agua? —dijo Saíd.

—Quiere agua —tradujo el pescador marroquí.

—Traedle agua —ordenó el patrón.

Y Saíd, con el pescador marroquí de intérprete, explicó su

20 aventura.

—Pues aún has tenido suerte, chaval. Por un pelo no os hemos hundido a ti y a la barca —comentó el patrón—. Bueno, ahora descansa, que nosotros tenemos trabajo. Venga, todo el mundo a cubierta.

25 Los pescadores abandonaron el camarote y volvieron a sus puestos.

¿Qué piensa hacer con el chico, patrón? —preguntó el pescador marroquí.

Entregarlo a la Guardia Civil. No quiero complicaciones.

30 Si hace eso, lo devolverán a Marruecos.

---

2 **una litera** cama de dos pisos – 2 **refrescar** mojar, echar agua para reducir el calor –
4 **recuperarse** *aquí:* volver en sí – 6 **aturdido** atontado, sin poder pensar – 10 **beréber/
bereber** lengua de up que pertenece a una etnia del Magreb (principalmente Túnez,
Argelia y Marruecos) – 19 **un intérprete** traductor – 24 **la cubierta** parte superior y
exterior de un barco – 25 **un camarote** cabina, dormitorio de un barco – 26 **un puesto**
lugar de trabajo – 29 **la Guardia Civil** cuerpo de seguridad que controla *p ej* las
fronteras – 30 **devolver** hacer regresar

—De donde no debería haber salido —dijo secamente el patrón.

—Es posible que lo encierren en la cárcel por abandonar el país ilegalmente —apuntó el pescador marroquí.

5 El patrón se removió inquieto.

—Las cárceles marroquíes son terribles, patrón —insistió el pescador.

—¡¿Y qué quieres que haga?! —explotó el patrón.

—Podríamos desembarcarlo en una playa. Yo no le hablo 10 de llevarlo con nosotros hasta el puerto; pero dejándolo en la playa no nos arriesgamos y le hacemos un favor. Ya ha tenido un principio de viaje bastante desgraciado como para que encima termine en una prisión

El patrón no dijo nada.

15 —¿Qué le parece, patrón? ¿Cuando volvamos lo acercamos a una playa...?

—Pero si no sabe nadar...

—Puede llegar a la playa con la barca —intervino otro pescador, que había seguido la conversación—. La barca está 20 bien. Lo que pasa es que el chico no sabe poner en marcha el motor. Se lo ponemos nosotros, y que no pare hasta que llegue a la arena.

—¡Maldita sea! ¿Por qué tienen que pasarme a mí estas cosas? —se quejó el patrón—. ¿Y si nos ve la Guardia Civil 25 cuando lo desembarcamos?

—A las seis de la mañana, la Guardia Civil no anda por las playas, y menos tan arriba —dijo el pescador.

---

3 **encerrar** no dejar salir (→ cerrar) – 3 **una cárcel** Gefängnis – 9 **desembarcar** bajar de un barco – 11 **hacer un favor** *loc* ayudar (einen Gefallen tun) – 12 **desgraciado** sin suerte – 13 **una prisión** cárcel

3 Mojácar

Saíd no paró el motor hasta que la barca se detuvo en la arena de la playa. Entonces se volvió y saludó al pesquero, que se alejaba. Estaba despuntando el día y no tenía certeza
5 de que le viesen, pero le daba igual: era un gesto de gratitud que le salía del corazón, lo recibiesen o no los pescadores. Posiblemente le habían salvado la vida, y ahora le facilitaban la entrada en España. Además, lo habían cargado de comida y Mohamed, el pescador marroquí, incluso le había dado
10 dinero. «Te hará falta hasta que encuentres trabajo», le había dicho. También le habían recomendado que no estuviese mucho tiempo en el sur, que intentase llegar a Barcelona lo antes posible. Allí pasaría más desapercibido. Allí abajo había más posibilidades de que la Guardia Civil lo parase y le pidiese
15 los papeles. Y como no los tenía, lo mandarían de nuevo a Marruecos.

Se arremangó los pantalones, cogió dos bolsas y saltó a tierra. El contacto con el agua fresca y el leve crujido de la arena bajo su peso le estimularon. Ya estaba en España. Aspiró el aire
20 fresco de aquella mañana de septiembre y se puso a caminar por la orilla de la playa. Las olas, aquellas olas que lo habían aterrorizado en alta mar, ahora llegaban mansas y le bañaban los pies entre un burbujeo de espuma. Aunque tenía motivos sobrados para estar abatido, se sentía optimista. Era cierto
25 que su aventura no había comenzado bien, pero no era menos cierto que la situación se había resuelto de la mejor manera posible. Estaba vivo, por la gracia de Alá, había comido, había

---

1 **Mojácar** pequeña ciudad en la provincia de Almería – 4 **despuntar** *el día* empezar, comenzar – 4 **una certeza** seguridad, saber que uc es verdad – 5 **la gratitud** agradecimiento (→ gracias) – 8 **cargar** llenar uc o sobre up – 10 **hacer falta** ser necesario – 13 **pasar desapercibido** no ser diferente al grupo – 17 **arremangar** recoger hacia arriba la ropa (aufkrempeln) – 18 **leve** pequeño, suave, ligero – 19 **el peso** Gewicht – 21 **una orilla** límite o extremo de uc *p ej* un río – 22 **manso** tranquilo, inquieto – 23 **burbujeo** Sprudeln – 23 **la espuma** Schaum – 24 **sobrado** suficiente – 24 **abatido** triste, desanimado – 26 **resolver** solucionar

dormido, y llevaba en el bolsillo más dinero del que había visto junto en su vida.

En lugar de atravesar el arenal y tomar el camino que llevaba a la carretera, Saíd prefirió caminar por la franja de la playa en

5 que rompían las olas y la arena era dura y húmeda. Desde allí, con los pies clavados en el suelo, la inmensidad tornasolada del mar le inspiraba una sensación muy distinta de la que había experimentado cuando estaba solo en la barca en medio del oleaje. Lo que ahora era paz y sosiego, unas horas antes

10 había sido miedo y desesperación. ¡Cuántas emociones en tan pocas horas!

Mientras caminaba por la playa vio cómo el sol, rojo, redondo, salía y ascendía rápidamente por el cielo, cada vez más azul. Las gaviotas chillaban por encima de su cabeza y

15 descendían hasta volar a ras de agua en busca de alimento.

Cuando llegó al final del arenal, se dirigió a la carretera. Las montañas eran oscuras, peladas, como las de su tierra. Encima de un cerro, una torre redonda parecía vigilarlo. Le habían dicho que, tras andar cuatro o cinco kilómetros por la

20 carretera, encontraría un pueblo, Carboneras. Allí buscaría una pensión y preguntaría cómo ir a Barcelona. En Barcelona le esperaba Hussein, su amigo. Y allí empezaría una nueva etapa de su vida.

Saíd llegó a Carboneras pasadas las ocho de la mañana. Era

25 día de mercado y había bastante movimiento en el pueblo. Entró en un bar de la plaza y, con su mal castellano, pidió un café y preguntó por una pensión. El dueño del bar le indicó una que estaba cerca, en la misma plaza. Saíd se tomó el café y, después de pagar, cogió las bolsas y salió.

---

3 **un arenal** extensión grande de suelo de arena – 4 **una franja** línea, lado – 5 **húmedo** ≠ seco – 6 **clavado** sujeto, fijo, sin mover – 6 **la inmensidad** extensión, tamaño muy grande – 6 **tornasolado** reflejo, brillo del sol sobre una superficie *p ej* de agua – 9 **sosiego** tranquilidad – 13 **ascender** subir – 14 **una gaviota** Möwe – 14 **chillar** gritar – 15 **descender** bajar – 15 **a ras de** *loc* casi tocando – 17 **pelado** que le falta lo que lo cubre *aquí*: sin plantas – 18 **un cerro** colina (Hügel) – 20 **Carboneras** pueblo de Almería, Andalucía – 27 **un dueño** propietario – 27 **indicar** mostrar, señalar

La plaza hervía de movimiento; la gente miraba, revolvía la mercancía, discutía y compraba. Era el mismo rito que se repetía en su pueblo todas las semanas, lo único que cambiaba era el marco y los personajes. Esta escena tan familiar le
5 infundió confianza, y entró en la pensión. Lo recibió un hombre rechoncho, de rostro agrio.

—¿Qué quieres? —le preguntó.

—Una habitación.

El hombre le miró de arriba abajo y finalmente le dijo que
10 no tenía ninguna habitación libre, que probase en otra parte. Y lo mandó a una pensión que había cerca de la playa.

Saíd salió de nuevo a la plaza, cargado con las dos bolsas. Nada más cruzarla, vio a dos hombres con uniforme verde bajar de un coche que parecía ser de la policía. Saíd recordó
15 las palabras del pescador marroquí y procuró ocultarse tras un puesto en el que vendían camisas de colores chillones. A medida que los dos guardias civiles avanzaban, Saíd se escondía más y más entre las camisas que colgaban de la barra.

La vendedora, una mujer delgada, de unos treinta años, de
20 pelo revuelto y ojos vivarachos, observó la maniobra de Saíd.

¿Qué? No te gustan los civiles, ¿verdad? A mí tampoco.

Saíd la miró. No entendió lo que le dijo y, por un momento, temió que le delatase. Los dos guardias civiles se acercaban, y uno de ellos se fijó en Saíd. La mujer, que también se dio
25 cuenta, descolgó una camisa y se la tendió a Saíd como si fuese un comprador. Él dejó las bolsas en el suelo para mirar la camisa, y la mujer las cogió y las escondió debajo del mostrador. A continuación se puso a hablar con el muchacho, como si quisiera convencerlo de la calidad del producto. Los
30 guardias civiles pasaron por delante del puesto sin detenerse

---

1 **hervir** *aquí*: haber mucho de uc, abundar – 4 **un marco** *aquí*: lugar, paisaje – 5 **infundir confianza** dar valor para hacer uc – 6 **rechoncho** gordo y bajo – 6 **agrio** desgradable, ≠ amable – 15 **tras** detrás – 16 **chillón** demasiado vivo o llamativo – 17 **avanzar** acercarse, continuar – 23 **temer** tener miedo de uc – 23 **delatar** descubrir uc secreto (verraten) – 24 **fijarse** mirar atentamente uc – 25 **tender** acercar, dar – 28 **un mostrador** mesa larga en una tienda para presentar mercancía

y entraron en el bar donde había estado Saíd unos minutos antes.

—¡Uf! Ha faltado poco —dijo la vendedora mientras colocaba de nuevo la camisa en la percha—. ¿Eres un ilegal?

5 Saíd no comprendió la pregunta y se quedó mirándola fijamente.

—¿No tienes papeles? —insistió la vendedora, ahora en francés.

Saíd negó con la cabeza.

10 —Pues será mejor que te escondas mientras éstos anden por aquí —dijo ella—. ¿Conoces a alguien en el pueblo?

Saíd volvió a negar con la cabeza.

—Pues vente conmigo. Vigílame el puesto, Leonor —dijo la mujer a la vendedora de al lado. Y cogió a Saíd del brazo.

15 Saíd hizo ademán de coger las bolsas, pero ella se lo impidió.

—Déjalas aquí. No les pasará nada.

La mujer del puesto y Saíd salieron de la plaza y fueron hasta una calle próxima, llena de coches aparcados. Se detuvieron 20 junto a un Renault 4-L amarillo, bastante destartalado, al que le habían quitado el asiento de atrás para convertirlo en furgoneta. Un hombre joven, de larga melena rubia, trajinaba unas cajas.

—Cari, este chico marroquí no tiene papeles ni conoce a 25 nadie, y la Guardia Civil está rondando por aquí. He pensado que podríamos echarle una mano.

El tal Cari miró a Saíd un momento.

—Que se meta en el coche —dijo sin entusiasmo.

La chica le dijo en francés que se escondiese en el coche y 30 que ya le avisarían cuando los guardias civiles se fuesen.

---

3 **colocar** poner, ordenar – 4 **una percha** objeto de madera para colgar ropa – 4 **¿Eres un ilegal?** = ¿Estás en España de manera ilegal? – 15 **un ademán** gesto – 16 **impedir** no dejar hacer uc – 20 **destartalado** roto, en mal estado – 22 **una furgoneta** vehículo pequeño para transportar mercancía – 22 **una melena** pelo largo y suelto – 22 **trajinar** mover mercancía de un lado a otro – 25 **rondar** ir paseando o vigilando a la población – 26 **echar una mano a up** *loc* ayudar – 30 **avisar** llamar, informar

—¿Tienes sitio para dormir? —le preguntó Cari, cuando iba a cerrar la puerta de atrás.

—Todavía no.

—Si quieres puedes quedarte con nosotros. Estamos en
5 Mojácar, a unos treinta kilómetros de aquí. Pero tendrás que pagar, ¿eh? ¿Tienes dinero?

—Sí —dijo Saíd y sacó del bolsillo un par de billetes de cinco mil.

—Bien, pues no te muevas de aquí hasta que volvamos
10 —dijo Cari.

Y cerró la puerta del coche.

María y Cari eran una especie de *hippies* y durante la temporada de verano se movían por aquel sector de la costa de Almería. Vivían de la venta ambulante camisas, chalecos,
15 pañuelos estampados, cinturones y otros objetos de piel que llevaban de Barcelona al principio de la temporada. Cari, además, tocaba la batería en un grupo que solía actuar en las fiestas de los pueblos y en alguna discoteca de Mojácar. María era catalana, y Cari, alemán, pero llevaba casi cinco años en
20 España y dos viviendo con María, en verano en Mojácar, y en invierno en Barcelona. Por eso, cuando supieron que Saíd quería ir a Barcelona, le propusieron que hiciera el viaje con ellos, una vez que liquidasen el género que les quedaba.

—Te costará menos que el billete del autobús y no correrás
25 el riesgo de tropezar con los civiles —argumentó Cari, que enseguida vio en Saíd la posibilidad de reducir gastos de casa y viaje.

A pesar de lo interesado de su ayuda, cosa que Cari no se molestaba en ocultar, Saíd estaba agradecido a la pareja
30 porque con ellos había resuelto el problema de su estancia y

---

7 **un billete** dinero de papel – 13 **una temporada** Saison – 15 **estampado** ≠ liso, con dibujos – 17 **una batería** instrumento musical de percusión – 22 **proponer** ofrecer –
23 **liquidar** vender todo – 24 **correr el riesgo** *loc* arriesgar – 30 **la estancia** vivienda

de su viaje a Barcelona. Después de un comienzo tan trágico y accidentado, parecía que su suerte había cambiado. En vista de la firmeza de su decisión, Alá había decidido ayudarle en lugar de ponerle trabas, pensó Saíd, y le rogó que no cambiase
5 de actitud.

Aquella noche, al regresar del bar, Cari le comentó a Saíd que habían encontrado los cuerpos de cuatro marroquíes ahogados, y le preguntó si sabía algo de aquello. Entonces Saíd, afligido por la suerte de sus compañeros, contó lo que les
10 había ocurrido.

—¡Caramba! ¡Qué epopeya, chico! —exclamó María, tras escucharlo con atención.

—Es posible que no hayan muerto todos —apuntó Cari, deseoso de consolar a Saíd—. En la patera erais cinco,
15 más el patrón y un marinero; por tanto, siete en total. Si te descontamos a ti, seis. Y sólo han encontrado cuatro cadáveres. Puede que alguno se haya salvado.

Pero no, no se salvó nadie. Al día siguiente aparecieron dos cadáveres más en la playa del Algarrobico, entre Mojácar y
20 Carboneras, precisamente donde había desembarcado Saíd.

Los días de mercado, Saíd acompañaba a María y a Cari por los pueblos y los ayudaba a montar y desmontar el puesto ambulante de ropa. Procuraba no dejarse ver demasiado para no levantar sospechas, pero tampoco podía pasarse todo el
25 tiempo encerrado en la casa, que era pequeñísima: una sola habitación era cocina, comedor y dormitorio; aparte, había un baño. Estaba situada en una calle estrecha y empinada, que a Saíd le recordó las de Xauen. De hecho, Mojácar le sorprendió, porque toda la parte vieja se parecía mucho a los
30 pueblos marroquíes del Rif: casas bajas, con terrazas, todas blanqueadas, apiladas unas encima de las otras. Hasta había mujeres que, con sólo cambiarles la ropa, podían pasar por

---

4 **una traba** obstáculo, dificultad – 9 **afligido** triste – 11 **una epopeya** aventura con muchas dificultades – 21 **acompañar a** ir con up – 22 **montar uc** instalar – 26 **aparte** separado (→ apartarse) – 27 **empinado** ≠ llano (Steil) – 30 **el Rif** región montañosa del noroeste de África, con costa en el Mediterráneo – 31 **apilado** que está uc una sobre uc, muy cerca y en mucha cantidad

marroquíes. Pero allí se podía ver a las mujeres en las tiendas, en los bares, en los restaurantes y en cualquier parte; no era como en Marruecos, donde únicamente salían de casa para ir a la compra o a trabajar.

5   Por la noche, después de la cena, solían charlar un rato. Cari y María le preguntaban a Saíd cosas sobre su país. Tenían intención de pasar una temporada en Marruecos. Decían que estaban hartos de vivir en aquella sociedad consumista, donde las personas se valoraban por lo que tenían y no por lo que 10 eran. Querían encontrar otro tipo de vida, más sencillo y a la vez más esencial, que les satisficiese.

—Aquí, si no quieres bajar la cabeza y entrar en la cadena de producir y consumir, lo tienes crudo —dijo María mientras le daba una calada a un porro.

15   —Pues en mi país lo tienes crudo aunque la bajes —dijo Saíd, pasándole el porro a Cari sin fumar.

—¡No me digas que no fumas! —exclamó María, sorprendida.

—No, no me gusta. Me hace toser y después me encuentro 20 mal.

—Pensaba que todos los marroquíes os hinchabais de hachís.

—Es una costumbre muy arraigada, pero eso no quiere decir que fumemos todos. De hecho, el Corán lo prohíbe, igual 25 que beber alcohol o comer carne de cerdo. Mi padre dice que fumar kif sólo sirve para evadirte de la realidad y aturdirte, y que eso no es bueno. Para vivir hay que tener los sentidos bien despiertos.

—Sí, pero cuando la realidad no te ofrece ningún atractivo…

---

7 una temporada periodo de tiempo limitado – 9 **valorar** reconocer, estimar – 10 **sencillo** ≠ complejo – 12 **una cadena** Kette – 13 **tener uc cruda** *loc* difícil – 14 **una calada** aspiración al fumar (Zug) – 14 **un porro** Joint – 19 **toser** → tos – 21 **hincharse a uc** hacer uc en exceso, tomar mucho de uc – 23 **arraigado** que forma parte de la cultura (→ raíz) – 26 **kif** mezcla de tabaco y marihuana que acostumbran a fumar los marroquíes – 26 **evadirse** escapar de toda preocupación o problema – 26 **aturdirse** perturbar los sentidos (→ aturdido)

Saíd miró a María. El rostro demacrado, los ojos hundidos, las manos delgadas, nerviosas, con las uñas roídas, eran signos claros de su ansiedad. Saíd comenzó a intuir que no sólo en su país era difícil vivir; que quizá aquí lo era de otra manera, pero
5 que también había gente desesperada, deseosa de orientar su vida y sin saber cómo hacerlo.

Los tres se quedaron en silencio ante los platos sucios de la cena, sumido cada uno en sus pensamientos. Y entonces, sin ninguna razón especial, movido sólo por una intensa
10 sensación de proximidad a sus dos nuevos amigos, Saíd comenzó a hablar:

—A mí me gustaba ir a la escuela. Aprendía deprisa y el maestro estaba orgulloso de mí. Era de los primeros de la clase, pero cuando cumplí doce años mi padre me dijo que ya no
15 podría seguir yendo a la escuela, que lo habían despedido del trabajo y que tenía que ponerme a trabajar, que en adelante sería el hombre de la casa. Recuerdo que lloré mucho. Y él también lloró. Yo no había visto nunca llorar a mi padre y no sabía qué pasaba. Al día siguiente, mientras yo estaba en la
20 escuela despidiéndome, fue a buscarlo la policía y se lo llevó. Estuvo tres años encerrado en la cárcel. Y todo por haber participado en una huelga en la que los trabajadores pedían que les subiesen un poco los salarios. Yo entré a trabajar en la panadería del barrio, y allí he estado hasta ahora. Cuando
25 mi padre salió de la cárcel, ya no encontró trabajo en ningún sitio. Nadie quería enemistarse con los capitostes del pueblo ayudándole, y toda la familia, mis padres, mis cuatro hermanas y yo, vivíamos del sueldo de miseria que me pagaban y de lo que nos daba el pedazo de tierra que mi padre se puso a
30 cultivar.

---

1 **demacrado** delgada, con mal aspecto físico – 2 **una uña** parte dura en la que terminan los dedos – 2 **roído** mordido, comido – 3 **la ansiedad** angustia (Beklemmung) – 3 **intuir** presentir, saber uc intuitivamente – 15 **despedir a up** *de un trabajo* echar, no dejar continuar a up en tarea – 22 **una huelga** paro voluntario en el trabajo – 23 **un salario** sueldo – 26 **enemistarse** hacerse enemigo de up – 26 **un capitoste** *despect* up con influencia o poder

María y Cari escuchaban la historia de Saíd con atención, sin decir nada. Sólo de vez en cuando daban una calada al porro.

Durante el tiempo que mi padre pasó en la cárcel fue muy duro para mí sentir la responsabilidad de la familia. Mi madre
5 y mis hermanas mayores hacían lo que podían, pero en el pueblo es muy difícil que las mujeres encuentren un trabajo y, si lo encuentran, les pagan muy poco. Fueron unos años muy tristes. Recuerdo que mis antiguos compañeros de la escuela, cuando me encontraba con ellos, se burlaban de mí porque
10 siempre iba lleno de harina. Me llamaban el fantasma. Y eso me avergonzaba y me enfurecía. Pensaba que no era justo que mientras ellos continuaban yendo a la escuela, jugaban, perseguían a los turistas o miraban la tele, yo tuviera que trabajar en la panadería doce o trece horas casi todos los días
15 del año y, además, soportar sus burlas.

Saíd calló. De pronto pensó que quizás estaba aburriendo a sus amigos con su historia y se disculpó:

—Estoy hablando mucho, ¿verdad?

—¡No, que va! —dijo María—. Me gusta conocer la vida de las
20 personas. Así te das cuenta de que todo el mundo tiene motivos para quejarse, a veces hasta más serios que los tuyos. Si he de serte sincera, después de escucharte me siento avergonzada. Yo he tenido las cosas infinitamente más fáciles que tú y, sin embargo, me falta ilusión para vivir, no logro encontrar nada
25 que me interese lo suficiente; y tú, que has tenido una infancia terrible, todavía conservas fuerza suficiente para abandonar tu país y lanzarte a la aventura de abrirte camino en otro lugar.

—Mi fuerza es la de la desesperación.

—Quizá porque lo hemos tenido todo demasiado fácil
30 nos cuesta tanto admitir que para vivir hay que esforzarse —intervino Cari.

---

2 **de vez en cuando** *loc* a veces – 9 **burlarse de** *up* reírse, poner en ridículo – 10 **un fantasma** espectro de un muerto – 11 **avergonzar** causar vergüenza (beschämen) – 11 **enfurecer** enfadar mucho – 13 **perseguir** ir detrás de – 15 **una burla** *broma* (Scherz) que pone en ridículo a up (→ burlarse) – 19 **¡Qué va!** *Esp* Ach was! von wegen! – 30 **esforzarse** luchar para conseguir uc

—Y ahora que no estás tú, ¿cómo se las arreglará tu familia?
—preguntó María.

—Mis hermanas mayores tienen trabajo, y mi padre sigue cultivando el huerto. Las cosas han mejorado últimamente.
5 Por eso me decidí a marchar. Pero me costó. Estuve dándole vueltas desde el verano pasado, cuando Hussein, el amigo que está en Barcelona, vino al pueblo. Al principio, mi padre no quería ni oírme hablar del asunto, y mi madre, cuando se lo planteé, se pasó una semana llorando y lamentándose. Pero al
10 final entendieron que quizás ya me había sacrificado bastante y que merecía que me dejasen probar fortuna. A pesar de todo, mi marcha ha sido un mal trago para mi familia.

—¡Ojalá tengas suerte, Saíd, y encuentres trabajo enseguida!
—dijo María levantándose de la mesa.

15 María y Cari salieron a tomar una cerveza al bar de un amigo. Como la temporada de verano ya había terminado, el grupo musical no tenía trabajo. El guitarra solista y el bajo ya se habían ido, pero los otros tres componentes del grupo se encontraban todas las noches en el bar y charlaban un rato.
20 Alguno de ellos quizá se quedase en Mojácar hasta finales de noviembre. Cuando no había turistas era cuando mejor se estaba en el pueblo. Todavía hacía buen tiempo, las calles estaban vacías y se podía disfrutar de la paz de aquel bello rincón de la costa mediterránea. Aquella era la época del año
25 en que la magia de Mojácar, atalayada sobre un cerro que dominaba el llano, se dejaba sentir en toda su intensidad.

Cuando Saíd se quedó solo en la casa, se puso a lavar los platos. Era una de las tareas que le tocaba hacer. La imagen de un tenedor hundiéndose en el agua jabonosa le trajo a la
30 memoria la noche de su llegada a la costa española, y la cara del patrón de la patera se le apareció entre los platos sucios. Saíd cerró los ojos, pero el rostro crispado del patrón persistía.

---

1 **arreglárselas** *loc coloq* hacer lo posible para sobrevivir – 5 **dar vueltas a uc** pensar mucho uc – 8 **un asunto** tema, cuestión – 10 **sacrificar** opfern – 12 **un trago** *aquí:* situación o problema que se sufre con dificultad y sentimiento – 25 **atalayado** situado en una zona alta – 26 **un llano** planicie, ≠ montaña – 28 **tocar uc** *aquí:* tener que – 29 **jabonoso** → jabón – 32 **crispado** con los músculos contraídos

Desde que supo que todos habían muerto, recordaba a menudo
los hechos de aquella desgraciada noche y se cuestionaba su
conducta. No comprendía cómo había podido dejar morir a
un hombre. Únicamente el terror que lo paralizó en un rincón
5 de la barca podía explicar semejante comportamiento. Y pensó
que así como las acciones solidarias y de ayuda despiertan
sentimientos de gratitud que engrandecen el espíritu y te
concilian con la vida, así también los comportamientos
crueles y violentos hacen que salga del interior del hombre
10 lo peor de él mismo y lo sumen en la vileza. Sin duda, la
violencia era el camino más directo hacia la degradación, no
sólo de quien la practica, sino también de quienes la sufren,
como víctimas o como testigos. Porque es muy difícil no
responder a la violencia con violencia. Saíd quiso creer que
15 todo lo ocurrido era una lección que Alá había querido darle y
que si era capaz de extraer de ella una enseñanza positiva, no
tenía por qué amargarse. «Si Alá hubiese estado enojado por
mi comportamiento, me habría castigado de la misma forma:
dejándome morir. Y no lo hizo», se dijo. Y mientras aclaraba
20 la vajilla, pensó que la enseñanza que podía sacar de aquella
experiencia amarga era procurar no caer en la trampa de la
violencia.

7 **engrandecer** hacer grande uc – 8 **conciliar** versöhnen – 10 **la vileza** maldad –
16 **extraer** sacar – 17 **amargarse por uc** sufrir – 18 **castigar** causar dolor físico o moral
(castigo) – 20 **una vajilla** conjunto de objetos para el servicio de mesa *p ej* platos –
21 **amargo** que causa tristeza o dolor – 21 **una trampa** Falle

4 Barcelona

Hussein vivía al principio de la calle de la Cera, en el barrio del Raval. Como aquel tramo de calle era zona peatonal, Cari no pudo dejar a Saíd delante de la casa.

5 —Tu número debe de estar por allí abajo —dijo Cari, deteniendo el coche en la bifurcación con la calle Botella.

—¿Quieres que te acompañe hasta la puerta? —se ofreció María.

—No hace falta, gracias —respondió Saíd.

10 El conductor de una camioneta parada detrás del 4-L tocó el claxon, impaciente.

—¡Ya va, ya va! —gritó Cari. Y bajó del coche para abrir el maletero y sacar las bolsas de Saíd.

—Vendréis a visitarme, ¿eh? —dijo Saíd, con una sonrisa algo

15 triste.

—¡Claro! —exclamó María—. Además, tienes nuestra dirección y el teléfono. Puedes llamarnos y venirnos a ver cuando quieras.

El conductor de la camioneta tocó otra vez el claxon.

20 —¡Venga, tíos, que es para hoy! —gritó asomando la cabeza por la ventanilla.

—¡Vete a hacer puñetas! —le soltó Cari. Pero abrevió su despedida—. Adiós, Saíd. Que tengas suerte en Barcelona.

Los dos amigos se estrecharon la mano.

25 —Gracias por todo lo que habéis hecho por mí.

—No ha sido nada…

—¿Queréis hacer el favor de acabar de una vez? —gritó el conductor de la camioneta.

---

2 **el Raval** barrio de Barcelona donde conviven muchas culturas – 3 **un tramo** cada parte en que se divide *p ej* un camino – 6 **una bifurcación** lugar donde un camino se divide en dos brazos – 10 **una camioneta** pequeño camión para transportar mercancías – 11 **un claxon** Hupe – 13 **un maletero** parte del coche para las maletas – 20 **un tío** *Esp coloq* persona (Kerl, Typ) – 22 **a hacer puñetas** *Esp loc coloq* para despedir a up despectivamente y sin respeto – 22 **abreviar** hacer uc más corto – 24 **estrecharse** *la mano* darse la mano

Cari le hizo un gesto despectivo con el dedo y entró en el coche. El tipo de la camioneta se puso a tocar el claxon como un loco y no paró hasta que el 4-L arrancó.

Saíd se quedó solo con las dos bolsas en las manos. Aunque
5 sabía adonde tenía que ir, dudaba. Dos hombres que se apoyaban en el pequeño mostrador del quiosco de bebidas de la esquina se quedaron mirándole.

—Ya ha llegado otro —dijo la mujer que despachaba.

—No, si esto pronto parecerá Melilla —observó uno de los
10 hombres, y bebió del vaso de vino que tenía delante—. Yo hice el servicio en Melilla, ¿sabéis?

Saíd estaba medio aturdido por el largo viaje y por la impresión que le había producido llegar a Barcelona. Era la primera vez que pisaba una gran ciudad y se sentía
15 insignificante y perdido. Mientras estuvo en el coche con sus amigos, observó el desfile de casas, plazas y calles con curiosidad, sin angustia. Pero ahora, solo, en medio de casas y más casas, que le parecían altísimas, y rodeado de gente desconocida a la que casi no entendía, se sentía inseguro.
20 Saíd miró calle adelante y echó a andar. Eran casi las seis de la tarde y estaban abiertas las tiendas. Una bodega, un trapero, una pollería, coches aparcados delante de los portales. Aunque aquel tramo de la calle era estrecho y estaba sucio, con el suelo lleno de manchas de aceite y orines, y con el gris de la piedra
25 de la calzada moteado de color por la basura y las cagadas de perro, a Saíd le pareció magnífico. En Xauen no había ni una sola calle tan bien pavimentada como aquélla.

Cuando Saíd llegó al número que buscaba, empujó la puerta, pero ésta no cedió. Miró hacia arriba y vio los balcones

---

6 **apoyar** hacer que uc descanse sobre otra cosa – 8 **despachar** vender – 9 **Melilla** ciudad autónoma española del norte de Africa – 11 **el servicio** *militar* Militärdienst – 13 **una impresión** sensación que uc o up produce – 14 **pisar** estar (treten) – 16 **un desfile** paso, trascurso de uc o up detrás de otro – 20 **echar a** + **infinitivo** ponerse a hacer uc – 21 **un trapero** up que compra y vende objetos usados – 22 **un portal** puerta principal de un edificio – 24 **una mancha** Flecke – 25 **una calzada** calle – 25 **moteado** con manchas o dibujos redondos – 25 **una cagada** excrementos *p ej* de perro – 27 **pavimentado** gepflastert – 29 **ceder** no poner resistencia; *aquí*: abrirse

que sobresalían de la fachada, algunos adornados con macetas y plantas. No había nadie para decirle que le abriera. A la izquierda del portal, Saíd vio un rectángulo lleno de botones, pero no se atrevió a tocarlos y se limitó a golpear con el puño
5 la puerta de aluminio y cristal. Nadie respondió a su llamada. La gente que pasaba por la calle lo miraba y seguía su camino, indiferente a sus dificultades para entrar. Finalmente, decidió esperar y aprovechar que alguien entrase o saliese de la casa.

Llevaba casi un cuarto de hora sentado encima de sus bolsas,
10 junto a unos contenedores de basura, cuando vio acercarse a dos mujeres; la mayor iba vestida al estilo marroquí, con una chilaba y un pañuelo en la cabeza. Saíd se levantó y, tras saludarlas educadamente, les explicó su problema. Acababa de llegar, en aquella casa vivía la única persona que conocía
15 en la ciudad, y no sabía cómo entrar. La muchacha joven sonrió divertida y cogió el papel donde Saíd llevaba apuntada la dirección de Hussein. Decidida, fue hacia el portal y pulsó uno de los botones que había junto a la puerta. Una voz aguda preguntó quién llamaba. La muchacha hizo un gesto a Saíd
20 para que hablase. Él la miró sorprendido. La voz repitió la pregunta.

—Ha llegado un amigo vuestro —dijo finalmente la muchacha—. Abridle.

—¿Qué amigo? —preguntó la voz con desconfianza.

25 La muchacha miró a Saíd, interrogativa.

—Saíd, dile que ha llegado Saíd, de Xauen.

No hizo falta que ella repitiese el nombre. Se oyó un zumbido, y la puerta cedió a la leve presión de la muchacha.

—Ya está abierto —dijo con una sonrisa franca que mostraba
30 unos dientes pequeños y blancos.

---

1 **adornado** decorado – 1 **una maceta** recipiente para poner tierra y flores (Blumentopf) – 3 **un rectángulo** Rechteck – 3 **un botón** pieza pequeña y redonda; *aquí:* para *pulsar* (drücken) – 4 **un puño** mano cerrada – 12 **una chilaba** vestido árabe con capucha – 16 **apuntado** escrito, anotado – 18 **agudo** gellend – 28 **un zumbido** sonido o ruido largo continuo

Saíd cogió las dos bolsas y, un poco avergonzado por la situación, se despidió de la muchacha y de la que suponía que era su madre.

—Bienvenido al barrio, Saíd —dijo la chica, mirándole
5 fijamente, antes de que la madre tirase de ella calle adelante. Tendría unos dieciséis o diecisiete años, la cintura breve y un rostro de piel morena y mate, en el que destacaban unos ojos negros, almendrados, tremendamente expresivos, y una boca perfecta; una cabellera oscura y abundante, recogida en dos
10 trenzas, remataba su figura de ensueño.

Saíd se quedó delante de la puerta, viendo cómo se alejaba la muchacha. Su belleza, la calidez de su mirada y la sinceridad que rezumaba su bienvenida le habían impresionado. Y mientras subía la escalera, alegre por el inminente encuentro
15 con Hussein, se sorprendió pensando que le encantaría volver a encontrarse muy pronto con la chica de los ojos negros.

Hussein bajó un par de tramos de la escalera para ayudar a Saíd con las bolsas. Los dos amigos se abrazaron y, juntos, subieron hasta el piso.

20 Uno de los que compartía el piso con Hussein los esperaba en la puerta y saludó a Saíd con cordialidad.

—Éste es Hassan, Saíd —dijo Hussein—. Falta Ahmed, que está trabajando.

El piso donde vivían Hussein y sus compañeros era pequeño
25 y oscuro, a pesar de que se encontraba en la cuarta planta. Tenía cuatro habitaciones, una cocina y un wáter con ducha. En todas las habitaciones había camas, y en la más grande, una parte se usaba como comedor y sala de estar. El mobiliario era muy heterogéneo, resultado de varias noches de recogida
30 por los contenedores de la ciudad. El lugar más acogedor era la

---

6 **una cintura** Taille – 6 **breve** *aquí*: estrecha – 7 **mate** sin brillo – 7 **destacar** sobresalir –
8 **almendrado** con forma de *almendra* (Mandel) – 8 **tremendo** enorme, muy grande –
9 **una cabellera** cabello, pelo, melena – 10 **una trenza** Zopf – 10 **rematar** asegurar uc *p*
ej ropa para darlo por terminado – 10 **de ensueño** *loc* ideal, fantástico, maravilloso –
12 **la calidez** → calor – 13 **rezumar** manifestar, mostrar un sentimiento – 13 **impresionar**
que causa impresión – 14 **una escalera** Treppe – 30 **acogedor** agradable por su
ambiente de comodidad y tranquilidad

sala-comedor, donde, centrada sobre una vieja alfombra, había una mesita marroquí, con unos cuantos cojines alrededor. Saíd vio en un rincón un laúd y unos tambores.

—¿Hay algún músico? —preguntó.

5 —Ahmed. Toca el laúd como un maestro —dijo Hussein.

Aquella noche, en honor a Saíd hicieron una *tajine* de pollo y bebieron cerveza. Después de comer y conversar, cuando el presente dejó paso al pasado y el recuerdo a la nostalgia, Ahmed se puso a tocar el laúd. Hussein y Hassan encendieron

10 una pipa de hachís y Saíd cogió los tambores y acompañó a Ahmed. Le gustaba tocar los tambores. Era su manera de saborear la embriaguez de la música. Cerraba los ojos, dejaba que los sonidos le penetrasen, y sus manos volaban por encima de las tensas pieles de cordero, alternando toques y

15 redobles según la melodía. Ahmed, animado por el tamborileo rítmico de Saíd, fue acelerando el punteo del laúd. Hasta Hussein se sumó a ellos con su voz bien modulada. Cuando más embelesados estaban en el momento musical, los gritos airados de un vecino que reclamaba silencio pusieron fin a la

20 velada.

—Tengo que salir —dijo de pronto Hussein.

Saíd le miró.

—¿Tienes que ir a trabajar ahora?

Hussein sonrió.

25 —Más o menos —dijo misterioso.

Cuando Hussein se marchó, Saíd preguntó qué trabajo hacía. Hassan y Ahmed sonrieron como había hecho Hussein

1 **una alfombra** tela de *p ej* lana que se pone el suelo (Teppich) – 2 **un cojín** Kissen – 3 **un laúd** Laute – 3 **un tambor** instrumento de percusión – 6 **en honor a up** especialmente para up – 6 **tajine** plato típico marroquí de carne o pescado, acompañado de legumbres – 12 **saborear** disfrutar de uc mucho *p ej* la comida (→ sabor) – 12 **la embriaguez** estado de confusión de los sentidos – 13 **penetrar** entrar, meterse – 14 **tenso** en tensión – 14 **un cordero** oveja joven – 15 **un redoble** toque largo de tambor – 15 **el tamborileo** toque con los dedos sobre una superficie – 16 **acelerar** ir más rápido – 16 **un punteo** pulsar por separado las cuerdas de un instrumento – 17 **sumarse** *unirse* (anschließen), acompañar – 18 **embelesado** extasiado (entzückt) – 19 **airado** enfadado – 20 **una velada** reunión nocturna de varias personas para divertirse

y respondieron con evasivas. Saíd comprendió que no querían decírselo, y eso excitó más su curiosidad.

—Me gusta tu forma de tocar los tambores, Saíd —le dijo Ahmed—. ¿Quieres tocar en un grupo que hemos formado
5 unos cuantos amigos? Llevamos casi un año actuando en fiestas y en centros sociales. No sacamos mucho dinero, pero al menos damos a conocer nuestra música.

A Saíd le halagó la proposición de Ahmed.

—Ensayamos los jueves por la tarde en la trastienda del
10 restaurante de un amigo nuestro, también marroquí. ¿Qué te parece?

—No lo sé… No he tocado nunca en un grupo…

—Siempre tiene que haber una primera vez.

Y los dos nuevos amigos estuvieron charlando hasta la
15 madrugada. Ahmed tenía treinta y dos años, y llevaba cuatro en Barcelona. Tenía mujer y tres hijos, que vivían en Tánger con sus padres. Les mandaba todo el dinero que podía ahorrar, que no era mucho, y esperaba con impaciencia el momento de traerlos a Barcelona. Trabajaba como camarero en un
20 restaurante todos los días, excepto los jueves, que los tenía libres. En Marruecos había aprendido el oficio de curtidor, pero lo dejó porque no le daba suficiente para mantener a su familia, y se vino a España. Desde Barcelona quiso ir a Francia, pero el taxista que le llevó a la frontera, junto con otros cuatro
25 marroquíes, les engañó. Los condujo hasta una pequeña carretera y les aseguró que andando media hora llegarían a un pueblo francés desde donde podrían coger el tren. Pero era mentira. Después de caminar durante casi toda la noche fueron a parar a un pequeño pueblo, donde les aseguraron
30 que, desde allí, sólo se podía pasar a Francia por la montaña y que, en aquella época del año, ese paso era imposible por

---

1 **una evasiva** Ausflucht – 2 **excitar** activar, estimular, provocar – 6 **un centro social** lugar de reunión y actividades de los vecinos de un barrrio – 8 **halagar** dar motivos de satisfacción al orgullo de up – 9 **ensayar** practicar – 9 **una trastienda** parte posterior de un negocio – 17 **ahorrar** guardar, ≠ gastar – 21 **un oficio** profesión – 21 **un curtidor** up que trabaja la piel de animales – 31 **un paso** camino, lugar para pasar de un lugar a otro

la nieve. Estafado y sin dinero, Ahmed volvió a Barcelona y se puso a buscar trabajo. Por medio de un prestamista encontró trabajo en la construcción, pero ganaba tan poco que apenas le llegaba para pagar la pensión y comer. No había conseguido el permiso de residencia y estaba como turista; por eso, cada tres meses tenía que salir del país y volver a entrar. Eso representaba para él un gasto importante, pero le permitía ver a la familia a menudo.

Ahmed tenía un hablar reposado, que enseguida cautivó a Saíd. Parecía buena persona, y el muchacho se confió a él. Necesitaba amigos para continuar la aventura que acababa de empezar y que tan penosa le estaba resultando. Ahmed le dijo que preguntaría en el restaurante si necesitaban a alguien para la cocina, y Saíd se fue a dormir convencido de que lo peor ya había pasado y de que a partir de aquel momento todo sería mucho más fácil.

Aquella noche, antes de dormirse, Saíd pensó en Jamila, su amor y el motivo por el que se había decidido a abandonar Xauen. Cuando volviera con dinero y una buena posición, la pediría por esposa a su familia. Pero estaba todo tan lejano, todavía. ¿Y si se casaba antes? Saíd pensó que debería haberle dicho algo antes de marcharse. No era suficiente haber mostrado su interés por ella; tendría que haberle hablado. Pero temía tanto que la familia le rechazase, que prefirió callar y demostrar antes que era un digno aspirante a marido. De pronto, entre las imágenes que evocaba la memoria, apareció la chica de los ojos negros, con su sonrisa divertida y su mirada encantadora. El pensamiento de Saíd regresó a Barcelona y, por primera vez desde el comienzo del viaje, se sintió confiado y optimista.

---

2 **un prestamista** up que da dinero por un tiempo a cambio de un interés – 5 **un permiso de residencia** Aufenthaltserlaubnis – 7 **representar** *aquí:* significar – 9 **reposado** sosegado, tranquilo – 9 **cautivar** influir irresistiblemente, encantar – 10 **confiarse a up** dejar en manos de up su suerte o futuro – 12 **penoso** difícil, triste – 25 **digno** que merece uc – 25 **un aspirante** up que quiere conseguir uc *p ej* un trabajo – 26 **evocar** traer uc a la memoria, recordar

Ahmed no pudo proporcionarle trabajo y Saíd tuvo que salir a buscarlo. Primero preguntó en las panaderías, que era lo que sabía hacer, pero fue inútil. Después miró en los bares, en los restaurantes y en las obras, para terminar en manos
5 de un mayorista que le propuso incorporarse al batallón de inmigrantes que tenía vendiendo alfombras y objetos marroquíes por los pueblos de los alrededores de Barcelona. Y Saíd aceptó.

El trabajo era duro y poco agradecido. Después de pasarse el
10 día caminando, cargado como un burro, Saíd apenas sacaba lo suficiente para vivir. Pero lo que más le descorazonaba era la actitud de la gente, despectiva y hostil. Bien que no quisiesen comprar alfombras, pero no tenían por qué tratarlo como a un perro.

15 —En general, a la gente no le gusta que vengamos, y nos rechaza —dijo Ahmed—. Piensan que somos una amenaza. Están convencidos de que la mayoría de inmigrantes marroquíes robamos o traficamos con droga, y cuando no, dicen que les quitamos el poco trabajo que hay.

20 —Pero tenemos que ganarnos la vida —observó Saíd.

—Sí, pero en nuestro país.

—Y si allí nos es imposible, ¿qué debemos hacer? ¿Resignarnos a pasar hambre? ¿Es que por haber nacido en otro lugar no tenemos derecho a vivir?

25 —La hospitalidad no es precisamente la virtud que caracteriza a la gente de aquí. Lo que se lleva es el egoísmo, un egoísmo feroz que hace que se devoren los unos a los otros sin compasión. Ya lo verás. Y cuanto más dinero, más egoísmo. Se tiene más que perder y se desconfía más de los extraños. Y

---

1 **proporcionar** conseguir, dar – 5 **un mayorista** up que vende en grandes cantidades uc – 5 **incorporarse** *aquí*: formar parte de uc – 5 **un batallón** grupo numeroso de gente – 10 **un burro** Esel – 11 **descorazonar** desanimar, hacer perder la esperanza (→ corazón) – 12 **hostil** que rechaza, enemigo, ≠ acogedor – 18 **traficar** dealen – 25 **la hospitalidad** buen recibimiento a los extraños – 27 **feroz** cruel, *salvaje* (Wild) – 27 **devorar** comer un animal a otro – 28 **la compasión** sentimiento solidario y de lástima por los que sufren

nosotros somos los más extraños de todos: otro color de piel, otra lengua, otra religión, otra cultura.

Las primeras semanas de Saíd en Barcelona fueron decepcionantes. A la humillante sensación de rechazo que experimentó en el trato con la gente se añadió el desengaño que sufrió cuando descubrió a qué se dedicaba Hussein: era un chulo. Su mejor amigo, la persona que más admiraba y respetaba, vivía de prostituir a las mujeres que primero seducía y luego intimidaba. Esto provocó un claro alejamiento de los dos amigos y una mayor aproximación de Saíd a Ahmed, con quien compartía los mejores momentos de su vida actual: los ensayos con el grupo musical.

Aquel jueves, Moktar, el que tocaba la cítara y, a la vez, se encargaba de organizar las actuaciones del grupo, comentó que se había puesto en contacto con la Asociación de Vecinos del Raval para tocar en su centro y que les había parecido bien. Sólo faltaba fijar la fecha de la actuación. La noticia fue una alegría para todos, y el ensayo se prolongó más de lo habitual. Cuando salieron del local eran casi las diez de la noche y ya había oscurecido. Saíd y Ahmed se dirigieron a la parada del bus. Noviembre acababa de comenzar y el tiempo había refrescado. Los dos amigos caminaban de prisa, cargados con los instrumentos. Al pasar por el parque de la Ciutadella vieron un coche de la policía estacionado junto a la entrada.

—¡Mierda! Está la policía —dijo Ahmed—. Cruzaremos la calle e iremos hacia el barrio viejo. Pero anda con naturalidad, sin correr. Si sospechan que queremos evitarlos, estamos perdidos.

---

4 **decepcionante** que produce desilusión, no responde a lo que se espera de uc – 4 **humillante** denigrante (erniedrigend) – 4 **un rechazo** → rechazar – 5 **el trato** forma de actuar con up – 5 **añadirse** sumarse – 5 **un desengaño** desilusión, decepción – 6 **descubrir** conocer, saber uc por primera vez – 7 **un chulo** hombre que vive de prostitutas y trafica con ellas – 8 **seducir** atraer físicamente a up para conseguir una relación sexual – 9 **intimidar** asustar, dar miedo a up – 14 **encargarse de uc** tener como tarea uc – 18 **prolongarse** alargarse – 22 **de prisa** rápido – 23 **Parque de la Ciutadella** el más grande de Barcelona. En él se encuentra el zoo.

Saíd hizo lo que Ahmed le indicó. Comenzaron a cruzar lentamente el paseo de Picasso hacia la calle de la Ribera. Entonces, el coche de policía arrancó.

—Se está acercando —dijo Saíd.

5 —Sí, ya lo he visto. Pero no aceleres el paso.

Los dos amigos cruzaron el paseo y enfilaron la calle de la Ribera. De pronto, Ahmed tiró a Saíd del brazo.

—¡Ahora! ¡Corre!

Y doblaron por la calle Comercial en el preciso momento en 10 que el coche de la policía ponía el intermitente y empezaba a girar hacia la calle de la Ribera.

Escondidos en un portal, los dos amigos vieron pasar tan despacio el coche de la policía que pensaron que se iba a detener. Pero no, continuó calle adelante hacia la del Comerç.

15 —Hemos estado a punto de pringarla —dijo Ahmed—. Ésos venían a por nosotros.

—Pero tú tienes papeles, ¿no?

—Tengo el permiso de turista, pero hace más de dos meses que me ha caducado. Estoy esperando que el dueño del 20 restaurante me haga un contrato de trabajo para ir a Marruecos a sacarme el visado, pero el muy cerdo no hace más que darme largas.

—Creía que te llevabas bien con los del restaurante.

—Y me llevo bien, pero con lo del contrato no hay manera. 25 El dueño sabe que mientras yo no consiga el permiso de residencia me tiene en sus manos y puede pagarme mucho menos de lo que me tendría que pagar en condiciones normales. Y no puedo hacerle nada. Sí, ir al sindicato y denunciarlo. Pero entonces pierdo el trabajo y me expongo a

---

5 **un paso** Schritt – 6 **enfilar** ir hacia – 9 **doblar** *aquí*: girar – 10 **un intermitente** Blinker – 15 **pringarla** *Esp loc coloq* hacer o decir uc que no adecuado u oportuno – 19 **caducar** no tener validez, no poder usarse – 20 **un contrato** Vertrag – 21 **dar largas a up** dar excusas para no hacer uc – 23 **llevarse bien con up** *loc coloq* tener una buena relación – 24 **no hay manera** no es posible – 28 **un sindicato** asociación de trabajadores que defiende sus derechos – 29 **denunciar** informar de irregularidades o un *daño* (Schaden) a las autoridades *p ej* la policía – 29 **exponerse** arriesgarse

que me expulsen del país, mientras que él paga la multa, y tan tranquilo.

Los dos amigos regresaron a casa atravesando el barrio antiguo. La mayor parte del trayecto fueron en silencio, cada uno sumido en sus pensamientos. A Saíd, el incidente con el coche patrulla le había hecho ver la precariedad de su situación. Desde su llegada a España, había tenido que andar escondiéndose y huyendo como un ladrón. Y comenzaba a estar harto. Encima había tenido que coger un trabajo que le obligaba a pasarse el día en la calle. De momento, estaba teniendo suerte y había podido burlar a la policía. Pero ¿hasta cuándo? Y si lo pillaban, ya sabía el camino: la comisaría, el centro de internamiento y a Marruecos otra vez, sin un céntimo y con los ahorros de la familia gastados en la aventura. Tenía que encontrar otro trabajo, no podía seguir pasándose el día de un lado para otro, trajinando alfombras que nadie quería y exponiéndose a que algún desalmado se lo quitase de encima a porrazos, como le había ocurrido a Abdou, el senegalés. Sí, muy bien, tenía que buscar otro trabajo, ¿pero cuál? ¿Dónde? La imposibilidad de hallar una respuesta a sus preguntas le desesperó, y cuando llegó a casa no quiso cenar.

—¿No te encuentras bien? —le preguntó Ahmed.

—Estoy cansado —se excusó.

No tenía ganas de hablar y Ahmed no insistió.

Sin quitarse la ropa, Saíd se tumbó en la cama. No hacía un mes que había llegado a Barcelona y ya estaba decepcionado y arrepentido de haber abandonado Xauen. Allí al menos tenía un trabajo digno, una casa, la familia, los amigos y Jamila. Aquí

---

1 **expulsar** echar de un lugar, sacar fuera – 1 **una multa** dinero que se tiene que pagar por hacer uc malo – 5 **un incidente** uc que pasa fuera de lo normal – 6 **la precariedad** malas condiciones – 7 **andar + gerundio** estar haciendo uc – 8 **huir** escapar (fliehen) – 9 **encima** *aquí*: además de todo – 12 **pillar** *coloq* coger, atrapar – 13 **un centro de internamiento** *de extranjeros* lugar donde up espera hasta ser devueltos a su país – 14 **el ahorro** → ahorrar (Ersparnis) – 17 **desalmado** cruel, sin corazón (↔ alma) – 17 **quitarse de encima uc o a up** *loc* liberarse de uc o up molesto – 18 **un porrazo** golpe fuerte – 23 **excusarse** poner una excusa – 27 **arrepentido** que se siente mal por haber hecho o no uc

no tenía nada. Peor que nada: sólo desprecio y rechazo. Y una dolorosa nostalgia se le clavó en el pecho y le empañó los ojos. Sólo el hecho de oír a Ahmed y Hussein preparándose la cena unos metros más allá impidió que dos lágrimas delatasen su
5 melancolía.

1 **el desprecio** rechazo (Missachtung) – 2 **empañar** cubrir los ojos, no dejar ver – 4 **una lágrima** *gota* (Tropfen) de agua que sale del ojo

5 El acoso del palomo

El día de la actuación, el local de la asociación de Vecinos del Raval estaba abarrotado, pero no porque la convocatoria fuese un gran éxito, sino porque el local era muy pequeño. La mayoría de los que fueron a escuchar al grupo Baraka eran amigos y conocidos de los músicos o marroquíes del barrio. Antes de iniciar la actuación, Saíd vio entre el público a la muchacha de los ojos negros del día de su llegada a Barcelona. Ella también le reconoció y no le quitó los ojos de encima desde que empezaron a tocar. Cuando terminaron, se acercó enseguida y le saludó.

—¿Te acuerdas de mí? —le preguntó con cierta coquetería.

—Claro que me acuerdo. Si no hubiera sido por ti, quizá estaría todavía sentado delante del portal y esperando que alguien abriese la puerta.

Ella sonrió, mostrándole las dos hileras de dientes perfectos que ya conocía. Hussein los vio hablar y se acercó.

—Caramba, Saíd, no sabía que tuvieses unas amistades tan bonitas. ¿Por qué no me presentas?

A Saíd no le hizo ninguna gracia que Hussein se mezclara en la conversación, pero no dijo nada. Durante el rato que estuvieron charlando, Hussein no apartó ni un solo instante su mirada de Fátima, que cada vez se sentía más incómoda y nerviosa. Finalmente, la muchacha tartamudeó una excusa y se marchó. Saíd estaba molesto por la desvergonzada actitud de Hussein.

—Pero, ¿qué pretendes, seducirla para que entre a formar parte de tu harén particular?

Hussein le miró burlón.

---

1 **el acoso** persecución, sin pausa, a up – 3 **abarrotado** lleno hasta el máximo – 3 **una convocatoria** llamada a reunirse – 5 **baraka** *marroq* Segenskraft – 9 **reconocer a up** erkennen – 9 **no quitar los ojos de encima a up** no dejar de mirar a up – 16 **una hilera** fila, línea – 20 **mezclarse** inmiscuirse (einmischen) – 24 **tartamudear** hablar entrecortadamente repitiendo las sílabas (stottern) – 25 **desvergonzado** sin vergüenza, irrespetuoso – 27 **pretender** querer ser o conseguir uc

—¿Qué, te gusta la chica?

—¿La dejarás tranquila si te digo que me gusta?

—Quizá.

—Pues sí, me gusta, y no quiero que vuelvas a hablar con
5 ella.

—¡Mira el gallito! Ha encontrado una pollita y quiere que
sea para él solo. ¿Y qué vas a hacer si decido ligármela, eh,
fantoche?

El tono provocador de Hussein sorprendió a Saíd, que,
10 confuso, no supo qué contestarle. La intervención de Ahmed
cortó el enfrentamiento.

—¿Qué os pasa a vosotros?

Saíd y Hussein cruzaron una mirada cargada de hostilidad.

—Nada, no pasa nada —dijo Hussein, y se apartó.
15 —¿Qué ha pasado? —insistió Ahmed.

Saíd se lo contó.

—Ten cuidado. Hussein es un mal enemigo —le advirtió.

Al salir del local, un joven de la Asociación de Vecinos
detuvo a Saíd y Ahmed y les presentó una muchacha rubia,
20 de unos veinte años, que le acompañaba. La chica estudiaba
periodismo y estaba haciendo un trabajo sobre los inmigrantes
marroquíes en Barcelona. Quería saber si podía hacerles unas
preguntas.

—¿Qué tipo de preguntas? —dijo Ahmed.
25 —Pues que me expliquéis por qué salisteis de Marruecos,
vuestra situación aquí, las dificultades con que os habéis
encontrado…

—Que te contemos nuestra vida, vaya.

—Más o menos —dijo ella con una sonrisa simpática.
30 —Yo no tengo ningún inconveniente —contestó Ahmed—.
¿Y tú, Saíd?

---

6 **un gallito** *despect* hombre presumido, macho – 6 **una pollita** *despect* mujer
joven – 7 **ligar con** up *coloq* tener relaciones amorosas temporales – 8 **un fantoche**
up ridícula – 13 **la hostilidad** enemistad, rechazo (→ hostil) – 30 **un inconveniente**
objeción, problema

Saíd se encogió de hombros. Todavía estaba tenso por el enfrentamiento con Hussein y no tenía demasiadas ganas de hablar.

Los cuatro se dirigieron a un bar cercano y se pusieron a
5 charlar. Empezaron hablando con cierta prevención, pero poco a poco se fue creando un clima de cordialidad que venció la indiferencia inicial de Saíd. Ana era una persona sensible e inteligente, que sabía conducir el relato de los dos amigos hacia el terreno de la confidencia. Su rostro, sin ser demasiado
10 atractivo, inspiraba confianza. Quizá era su mirada, de un azul transparente, o la manera de abrir los labios cuando sonreía; fuese lo que fuese, lo cierto es que lo que comenzó como una entrevista de trabajo acabó siendo una reunión de amigos. Al salir del bar, Ahmed invitó a Ana a subir al piso a tomar un té
15 con menta y, de paso, a ver cómo vivían los marroquíes del Raval.

—Pero si ya es hora de cenar —objetó ella.

—Bueno, pues quédate a cenar con nosotros —dijo Ahmed—. Así sabrás también qué comemos.

20 —No sé…

—No tengas miedo. No vas a engordar.

La muchacha sonrió.

—Vale.

Se despidieron del joven de la Asociación de Vecinos, que
25 no quiso unirse a la cena, y se encaminaron hacia la calle de la Cera. Antes de entrar en el portal, Ahmed se encontró con un conocido y se quedó charlando.

—Id subiendo. Ahora voy.

Saíd y Ana continuaron.

30 —Así que eres de Xauen —dijo Ana, rompiendo el silencio—. Yo estuve en Xauen con mis padres hace un par de años.

—¿Y te gustó?

---

1 **encogerse de hombros** mostrar que no se quiere o sabe responder a lo que se pregunta – 8 **un relato** la historia, narración, cuento – 25 **encaminarse** ir hacia un lugar (→ camino)

—Mucho. Lo que más me impresionó fue el mercado. Era el primer mercado marroquí que veía y me pareció maravilloso. La gente, los colores, los olores, todo era distinto. Fue como un *shock*. Allí comprendí que lo que quería hacer en la vida era viajar y conocer otras culturas, otras maneras de vivir y de entender la vida. Y decidí hacer periodismo.

La larga ascensión por la escalera le cortó la respiración a Ana y la hizo callar.

—Ya llegamos —dijo Saíd para animarla.

Cuando llegaron al piso encontraron a Hussein, que estaba bastante bebido. Al verlos, sonrió con descaro y se puso a hablar en bereber.

—¡Caramba, Saíd! Ya traes a otra. Pero, ¿qué les das a las mujeres? Tendré que hacerte socio de mi negocio.

Saíd le miró serio, pero sin ganas de enfrentarse a él.

—Es una periodista que hemos conocido Ahmed y yo. No es lo que tú piensas.

—¡Ah! ¡Una periodista! —dijo Hussein con un énfasis exagerado.

Ana seguía la conversación, un poco cohibida y sin entender nada de lo que decían.

Entonces, Hussein se acercó a ella.

—Así que eres periodista, ¿verdad, monada? Y te gustan los marroquíes, ¿no?

Ana retrocedió un poco hacia la puerta.

—Déjala en paz, Hussein.

Hussein se volvió furioso.

—¡Es la segunda vez que hoy me dices que deje en paz a una mujer, mamarracho de mierda! ¡Haré lo que me dé la gana, y si no te gusta, te largas! ¿Lo has entendido?

---

7 **una ascensión** subida – 11 **bebido** borracho, con exceso de alcohol en el cuerpo – 11 **descaro** desvergüenza, falta de respeto – 14 **un socio** up que participa en uc con otra – 19 **exagerado** más allá de lo normal – 20 **cohibido** tímido, sin saber reaccionar – 23 **monada** *halago:* (Schmeicheln) guapo – 25 **retroceder** volver atrás – 29 **un mamarracho** *coloq* up ridículo, que no merece respeto – 29 **darle la gana** uc *loc coloq* querer hacer uc con o sin razón – 30 **largarse** *coloq* irse

Saíd miró a Ana, que estaba en la puerta y tenía cara de espanto.

—Márchate —le dijo.

Hussein se volvió y agarró a la muchacha por el brazo con
5 fuerza.

—La periodista se marchará cuando yo diga.

Ana intentó soltarse, pero no pudo.

Entonces, Saíd se enfureció y se lanzó sobre Hussein.

—¡Suéltala hijo de…!

10 Hussein esquivó la embestida de Saíd y, de un manotazo, lo tiró contra unas sillas. Antes de que pudiese levantarse, Hussein le asestó una patada en el pecho que lo lanzó contra la pared. Ana aprovechó la confusión para abrir la puerta y huir. En la escalera se encontró con Ahmed.

15 —¡Corre! ¡Se están peleando!

Ahmed subió de dos en dos los peldaños que le quedaban y entró en el piso. Hussein tenía a Saíd contra los pies de la cama y le golpeaba el rostro una y otra vez.

—¡Te crees mejor que yo, ¿verdad, desgraciado?!

20 Estaba completamente fuera de sí.

Ahmed se le echó encima y le sujetó el brazo que tenía alzado para asestar un nuevo golpe.

—¡Basta! ¡Basta, Hussein!

Hussein se detuvo. Saíd sangraba por la nariz y la boca.

25 —¡Pero te has vuelto loco!

Hussein se levantó despacio. Se le habían arrancado un par de botones de la camisa y la llevaba abierta.

—Nada. No ha pasado nada. Éste, que se cree que me puede decir lo que debo hacer y lo que no —dijo Hussein, y se marchó
30 hacia el interior del piso y se encerró en su habitación.

Ana, blanca como la cera, contemplaba la escena desde el rellano de la escalera. Los vecinos habían comenzado a salir.

---

2 **el espanto** susto, miedo – 10 **esquivar** evitar – 10 **un manotazo** golpe con la mano –
12 **asestar** dirigir, dar contra uc – 12 **una patada** golpe con el pie – 16 **un peldaño** cada
tramo de una escalera (Stufe) – 22 **alzado** levantado – 24 **sangrar** → sangre – 31 **la cera**
Wachs – 32 **un rellano** descansillo, espacio entre tramos de escalera

—¿Qué ha pasado? —preguntó la vieja que vivía enfrente.

—Una pelea —dijo Ana.

—¿Aviso a la policía?

—No… No hace falta.

5 —Ya decía yo que con estos moros en la escalera no estaríamos tranquilos —dijo alguien en el rellano de abajo.

—¿Cómo estás? —preguntó Ahmed a Saíd, mientras le ayudaba a levantarse.

—No lo sé. Creo que bien.

10 Pero no estaba bien. La nariz se le hinchaba por momentos, tenía un buen corte en el labio, y el pecho le dolía al respirar.

—Tenemos que llevarlo al hospital —le dijo Ana a Ahmed cuando terminaron de lavarle la cara.

—No podemos ir al hospital. Le pedirán papeles y no tiene.

15 —Entonces, que le vea mi padre: es médico.

Saíd negó con la cabeza.

—¡Claro que tienen que mirarte! Si no te arreglan la cara vas a quedar hecho un cristo.

Ahmed estaba de acuerdo con la chica, y entre los dos 20 terminaron por convencer a Saíd.

Después de examinarlo, el padre de Ana llevó a Saíd a la clínica donde atendía a sus pacientes, para curarlo. Tenía roto el tabique de la nariz, el labio necesitaba tres o cuatro puntos de sutura, y el pecho, un vendaje compresivo.

25 De vuelta a casa de Ana, su padre no permitió que Saíd se marchara en aquellas condiciones, y lo instalaron en la habitación del hijo mayor, que estaba estudiando en Estados Unidos. Saíd se sentía incómodo, pero no supo cómo oponerse

---

5 **un moro** *despect* árabe – 10 **hincharse** hacerse más grande – 17 **arreglar** reparar – 18 **quedar/estar hecho un cristo** *coloq* muy deteriorado, en malas condiciones – 22 **curar** dar uc p ej medicinas a up para que sane – 23 **el tabique** *nasal* Nasenscheidewand – 24 *un punto de* **sutura** Naht – 24 **un vendaje** telas que se ponen para sujetar o tapar una herida (Verband)

a la amabilidad de aquella familia, y al final tuvo que pasar allí la noche.

En aquella habitación extraña, llena de libros, raquetas de tenis, trofeos deportivos y títulos académicos, Saíd se dio
5 cuenta de la gran diferencia que había entre su mundo y el que le rodeaba. Nada de lo que veía le era familiar, ninguno de aquellos objetos había formado parte de su infancia y su juventud. ¿Qué hacía él allí? De pronto se sintió perdido y solo. Un profundo sentimiento de nostalgia, mucho más doloroso
10 que el de las costillas rotas, le invadió y, a pesar de la tirantez del labio cosido, se puso a canturrear una tonada bereber.

Ana, que lo oía desde su habitación, no pudo evitar un estremecimiento, conmovida por la tristeza que rezumaba aquella melodía.

15 A la mañana siguiente, cuando Ahmed fue a buscarlo, Saíd le dijo que no quería volver al piso de la calle de la Cera, que buscaría otro lugar, que no quería volver a ver a Hussein.

—Lo comprendo. Pero no es fácil encontrar una habitación por poco dinero.

20 —Conozco una pareja que quizá tenga sitio —dijo Saíd, pensando en María y Cari—. Iré a verlos.

Saíd abandonó la casa de Ana contra el parecer de la madre, que decía que no estaba aún en condiciones de andar por la ciudad y que para ella no era ninguna molestia que estuviera
25 en su casa un par de días más. Pero Saíd insistió en marcharse. Ana estaba en la Facultad, y no pudo despedirse de ella. Quedó en que la llamaría por la noche.

Los dos amigos fueron al piso de la calle de la Cera para recoger las cosas de Saíd. Como suponía que Hussein estaría
30 en casa, el muchacho no quiso subir y esperó en la plaza del Pedro a que Ahmed le bajase las bolsas. Sentado en un

---

3 **una raqueta** de tenis objeto que se usa para golpear una pelota – 10 **una costilla** Rippe – 10 **invadir** entrar y extenderse (ausbreiten), llenar – 10 **la tirantez** tensión, sensación tensa (→ tirar) – 11 **cosido** genäht – 11 **canturrear** coloq cantar bajo – 11 **una tonada** música de una canción, melodía – 13 **conmovido** emocionado – 22 **el parecer** opinión – 23 **estar en condiciones de** uc estar preparado para uc

banco de la plaza, se puso a contemplar la vida que discurría a su alrededor. Desde su llegada a Barcelona, la obsesión de encontrar trabajo no le había dejado ni un momento de tranquilidad para observar el barrio y la gente. ¡Con lo que le
5 gustaba hacerlo antes!

Las palomas volaban desde la vieja espadaña hasta la estatua que coronaba la fuente, y de allí bajaban a beber. Era como si la fuente fuese de las palomas: nadie más la utilizaba. En Xauen, alrededor de las fuentes bullía la vida:
10 siempre había mujeres llenando cubos y jarras; los niños jugaban, mojándose unos a otros, y la gente solía detenerse para refrescarse. Por eso le chocaba ver la fuente del Pedro solitaria, con las palomas como únicos usuarios. Claro que, en su barrio, las casas no tenían agua corriente como aquí. Cerca
15 de él, un palomo, con el pecho hinchado y la cola ahuecada, perseguía a una paloma. La paloma le dejaba aproximarse y, cuando lo tenía cerca, se alejaba. El palomo se detenía unos instantes, como sorprendido por la huida de la hembra, y volvía a acercársele. La acción se repitió unas cuantas veces,
20 hasta que el palomo, harto de perseguir a la paloma coqueta, dedicó su atención a otra. «Parece que a todas las hembras les gusta que se vaya detrás de ellas», pensó Saíd. E hizo un repaso mental de las muchachas a las que le gustaría acercarse, como el palomo. Una era Jamila, su amor de Xauen, huidiza
25 y lejana, pero hermosa como un atardecer; otra, Fátima, que lo encandilaba con la calidez de su mirada; y otra…, otra, Ana, sí, Ana, que sabía acariciarlo con palabras, sonrisas y miradas hasta hacerle olvidar la tristeza más profunda. Tres mujeres, las tres diferentes, pero fascinantes. ¿Cuál escogería para casarse?

---

1 **discurrir** trancurrir, pasar – 6 **una paloma** Taube – 6 **una espadaña** pared con agujero para *campanas* (Glocke) – 9 **bullir** hervir, movimiento de mucha gente – 10 **un cubo** Eimer – 10 **una jarra** Kanne – 11 **mojarse** echarse agua – 15 **una cola** parte posterior a veces alargada de algunos animales – 15 **ahuecado** abierto, estirado – 16 **aproximarse** acercarse (→ próximo) – 18 **una huida** → huir – 20 **harto de uc** cansado – 22 **un repaso** mirada o exámen de uc para corregir defectos – 24 **huidizo** que no se deja ver o coger, que se escapa – 26 **encandilar** embelesar, atraer – 27 **acariciar** tocar suavemente uc – 29 **escoger** elegir

Aunque Podía casarse con las tres. Su religión se lo permitía. Pero no: tres mujeres era algo que sólo se podían permitir los ricos. Los pobres tenían bastante trabajo con mantener a una y los hijos.

5 El correteo de un niño espantó a las palomas, que levantaron el vuelo batiendo ruidosamente las alas. Y con el vuelo de las palomas volaron también los pensamientos de Saíd sobre las mujeres. De pronto, el niño se detuvo delante del muchacho y se quedó mirándole, curioso; luego, alargó el bracito y le 10 señaló. La madre se acercó presurosa, como si temiese algo, cogió al niño de una mano y se lo llevó. «Sí, pupa. El nene tiene pupa en la nariz», oyó que le decía. Saíd se tocó la nariz. Se la habían tenido que escayolar. El mal nacido de Hussein le había roto la nariz. ¡Cómo había cambiado Hussein desde que 15 se marchó del pueblo! Saíd nunca habría imaginado que su amistad pudiese acabar de aquella manera. Pero la verdad es que no le importaba nada romper con el canalla presuntuoso en que se había convertido su amigo.

Saíd vio llegar a Hussein detrás de Ahmed, que iba cargado 20 con las dos bolsas, y se puso tenso. Pensó que Hussein querría disculparse, pero no le gustaba que le viese de aquella manera. En efecto, nada más llegar, Hussein se deshizo en disculpas: dijo que estaba borracho y no sabía lo que hacía, que era un salvaje, que cuando estaba así se ofuscaba y perdía el control; 25 que comprendía que Said tenía motivos para despreciarlo, pero le rogaba que no se fuese del piso, que le ayudaría hasta que pudiese volver a trabajar, que le diese la oportunidad de hacer algo por él, que más adelante, si quería marcharse, no se lo impediría, pero ahora sentiría mucho que, además del daño 30 que le había hecho, se encontrase sin casa.

5 **el correteo** correr sin dirección por diversión – 5 **espantar** asustar – 6 **batir** mover con fuerza y energía uc – 6 **un ala** f Flügel – 10 **presuroso** con prisa, rápidamente – 11 **una pupa** infant aua – 13 **escayolar** eingipsen – 13 **un mal nacido** loc indeseable, depreciable – 17 **un canalla** coloq Dreckskerl – 17 **presuntuoso** que se cree importante – 22 **deshacerse up en disculpas** disculparse mucho – 24 **ofuscarse** no poder pensar claramente

Ahmed contemplaba la escena en silencio, con las bolsas en la mano. Saíd tardó en contestar.

—De acuerdo, acepto tus disculpas y me quedo. Pero cuando esté mejor, buscaré otro lugar para vivir.

5 Hussein alegró un poco la cara.

—Está bien.

Saíd se levantó del banco con gesto de dolor. Cuando estuvo de pie, Hussein se abalanzó inesperadamente sobre él y lo abrazó.

10 —Perdóname.

Saíd gritó de dolor y se puso blanco como el papel. Hussein se retiró, sobresaltado.

—Es que, además de lo de la cara, tiene dos costillas rotas —aclaró Ahmed.

15 —¡Por Alá que no merezco que me mires a la cara! —exclamó Hussein, furioso consigo mismo. Y en un arrebato alargó el rostro para ofrecérselo a Saíd—. ¡Pégame! ¡Venga, pégame! ¡Quiero que me pegues!

—Eso no arreglaría nada —murmuró Saíd, y comenzó a 20 caminar hacia casa.

Durante los seis días que Saíd estuvo haciendo reposo en casa, Ana fue a visitarlo casi todas las tardes. Iba al atardecer, cuando estaba solo, y le hacía compañía durante un rato. Charlaban, tomaban un té con menta y se marchaba. La 25 muchacha, que al principio sólo quería mostrarle su agradecimiento por haber salido en su defensa, se iba sintiendo más atraída por él a medida que lo conocía. Su sencillez, su

---

12 **retirarse** quitarse, apartarse, separarse de up o uc – 16 **un arrebato** acción hecha sin pensar por un sentimiento fuerte – 19 **arreglar** *aquí*: solucionar – 21 **hacer reposo** descansar – 26 **salir en defensa de up** reaccionar para proteger a up – 27 **la sencillez** → sencillo

serenidad ante las adversidades y su tímida amabilidad le agradaban; luego estaban sus ojos, oscuros, profundos, y su manera de mirar, directa, penetrante, que a veces llegaba incluso a turbarla. La proximidad de Saíd despertaba en Ana
5 sensaciones que hasta entonces nadie había despertado: inquietud, curiosidad, ternura, sensaciones que, sin duda, podían ser el preludio de un sentimiento más intenso que el de la simple amistad.

1 **la adversidad** problemas, situaciones desgraciadas – 4 **turbar** confundir, hacer sentirse nervioso o sin saber reaccionar – 6 **la ternura** amabilidad, delicadeza – 7 **un preludio** uc que sirve de preparación para uc (Vorstufe)

6 La agresión

Cuando Saíd estuvo mejor fue a casa de María y Cari. Mientras llamaba a la puerta salió la vecina de enfrente y le dijo que se habían marchado a Alemania y no volverían hasta
5 después de Navidades.

Aquella noche, Saíd le comentó a Ahmed que tenía que buscar otro sitio adonde trasladarse.

—Puede que Taíb quiera alquilarte una habitación. Vive con una mujer y anda muy justo de dinero.

10 Taíb era uno de los músicos del grupo. Unos meses antes lo habían despedido del bingo donde trabajaba y ahora lo hacía en la agricultura. No había encontrado otra cosa. En el bingo conoció a Sonia, que también trabajaba allí, y empezaron a vivir juntos. En realidad, los echaron por eso. Al encargado del
15 bingo, que iba detrás de la chica, no le gustó aquella relación, y los despidió. De momento, ella estaba sin trabajo y tenían que arreglarse con el jornal que Taíb ganaba en una plantación de claveles. Por eso, cuando Saíd le dijo que quería cambiar de piso, no dudó en ofrecerle el suyo.

20 Hicieron el trato el jueves, y el viernes Saíd ya se trasladó a la casa de Taíb, que se hallaba en la plaza de Sant Agustí Vell. El piso era también pequeño y viejo. En la habitación que le asignaron sólo cabía una cama y una silla; tenía una ventana que daba a un patio interior, y por ella entraba el olor de
25 todas las cocinas de la casa. A Saíd no le gustó la habitación, pero pensó que no tenía otra posibilidad y que, además, sería provisional. Había quedado con Ahmed en alquilar un piso en cuanto pudiesen. También Ahmed estaba harto de aguantar los escándalos de Hussein.

---

9 **andar** *aquí*: estar – 9 **justo** *aquí*: escaso, con poco (knapp) – 14 **un encargado** up que representa al dueño en un negocio – 15 **ir detrás de** up tener interés en up – 17 **un jornal** sueldo, paga diaria – 18 **un clavel** Nelke – 23 **asignar** señalar uc que le corresponde a up

Por medio de Taíb, Saíd comenzó a trabajar de bracero en una finca de Vilassar de Mar donde cultivaban patatas y hortalizas. Aunque el propietario pagaba poco, él ganaba más que vendiendo alfombras y se ahorraba el dinero de las
5 verduras.

El trabajo era duro y le obligaba a levantarse todos los días a las cinco de la mañana para llegar a tiempo. Pero trabajaba solo o con otros inmigrantes y, por tanto, no tenía que soportar los desprecios de nadie.

10 Los días en que el trabajo se alargaba y le daba pereza volver a Barcelona, se quedaba a dormir en una casa de campo donde vivían varios compañeros marroquíes. La casa estaba en muy malas condiciones: tenía las paredes llenas de grietas, y cuando llovía salían goteras por todas partes. La humedad era tanta
15 que, a veces, los interruptores de la luz no hacían contacto y había que golpearlos para que funcionasen. No había agua corriente y cocinaban con un hornillo de butano. Por toda higiene, disponían de un patio con un lavadero, un pozo y un wáter. En fin, la casa era una verdadera ruina, pero el dueño les
20 dejaba ocuparla sin cobrarles nada, y estaban contentos.

Saíd sólo se quedaba allí por necesidad. No le gustaba vivir en aquella sordidez; pero, quedándose allí, no tenía que madrugar y se ahorraba el billete del tren. Sus compañeros creían que trabajar en Vilassar y vivir en Barcelona era todo un
25 lujo, y a menudo se metían con Taíb y con él. Pero Taíb tenía la excusa de que vivía con una mujer que lo quería en casa todas las noches.

—Pero si con el trajín que llevas no le servirás de nada a tu mujer —le decían bromeando.

1 **un bracero** trabajador, jornalero (→ brazo) – 2 **Vilassar del mar** pequeña ciudad a 24 kms de Barcelona – 3 **una hortaliza** verduras – 10 **la pereza** falta de ganas para hacer uc – 13 **una grieta** Riss – 14 **una gotera** gota de agua en el interior de un edificio – 14 **la humedad** Feuchtigkeit – 15 **un interruptor** botón o similiar que sirve para encender o apagar *p ej* la luz – 17 **un hornillo** aparato pequeño y portatil para calentar o cocinar comida – 18 **disponer de uc** tener uc – 18 **un pozo** agujero profundo en el suelo del que se saca agua (Brunnen) – 22 **la sordidez** suciedad – 23 **madrugar** levantarse muy temprano – 25 **meterse con up** molestar, fastidiar – 28 **el trajín** → trajinar – 29 **bromear** hacer bromas (scherzen)

—De poca cosa, es verdad; pero está tan enamorada que se conforma con el calorcillo que le doy mientras duermo.

Y todos reían, ahogando la envidia que les daba su amigo por tener una mujer esperándole en casa. La soledad afectiva 5 y sexual era una de las cargas más difíciles de llevar para los inmigrantes. Era duro para ellos, en su mayoría jóvenes y vigorosos, vivir sin una referencia femenina o lejos de ella. Por eso, y porque les resultaba difícil entablar relaciones con chicas de aquí, no tenían más remedio que recurrir a la prostitución 10 para apaciguar la presión del sexo y recibir, aunque fuese pagando, unas caricias frías y profesionales. Y de esto, de la miseria sexual de sus compatriotas, vivía Hussein.

Aunque no había semana en que Saíd no se quedase algún día en Vilassar, nunca lo hacía los jueves. Los jueves bajaba 15 siempre a Barcelona. No quería perderse el ensayo con el grupo, que cada vez tenía más actuaciones.

Ana le había dicho que aquel tercer jueves de diciembre pasaría por el restaurante donde ensayaban. Estaba a punto de terminar su trabajo y tenía una serie de dudas que quería 20 consultar. El ensayo acabó tarde, y se entretuvieron hablando de la situación de los inmigrantes.

—Ahora, en Marruecos, no te dan el visado para venir a España si no tienes un contrato de trabajo firmado. ¿Y cómo consigues un contrato de trabajo desde allí? Es imposible. Por 25 eso, la única solución es venir ilegalmente, tratar de conseguir un contrato y volver allí para que te den el visado. Luego, venir aquí de nuevo y, con el visado y el contrato, obtener el permiso de residencia. Con mucha suerte, todo este trámite puede significar estar un año o dos en situación ilegal, 30 completamente indefenso frente a los patronos, soportando

5 **una carga** peso; *aquí*: dificultades, problema – 7 **vigoroso** fuerte, con energía – 8 **entablar** dar comienzo a uc – 9 **recurrir** ir, usar por necesidad a la ayuda de up – 10 **apaciguar** tranquilizar, poner paz, sosegar – 11 **una caricia** tocar ligeramente el cuerpo de up – 12 **un compatriota** up del mismo país que otro – 20 **consultar** preguntar, pedir consejo – 25 **tratar de uc** intentar uc – 28 **un trámite** gestión, formalidad

abusos y con la angustia de que te descubran y te echen del país en cualquier momento.

—La situación del inmigrante es cada vez más difícil, no sólo en España, sino en toda Europa —intervino Alí—. Los
5 gobiernos occidentales quieren cerrar las puertas a los que venimos de fuera a buscar trabajo, olvidando que ellos fueron antes a nuestros países para explotar nuestros recursos y vendernos sus productos. La colonización no fue otra cosa que el expolio legal de unos países por otros. Ningún país
10 colonizador se preocupó realmente de impulsar el desarrollo de sus colonias. Su única preocupación era obtener materias primas a bajo precio para hacer posible el milagro industrial occidental.

Alí era estudiante, tenía veinticinco años y toda la pasión
15 propia de la juventud. Estaba vinculado al centro Averroes, un centro social y cultural que intentaba organizar la inmigración magrebí de Barcelona.

—Pero lo peor de todo —continuó— es que nos han impuesto un modelo económico basado en el desarrollo tecnológico,
20 que para nosotros, los países pobres, es inalcanzable. La penetración occidental ha puesto fin a nuestras formas de vida tradicionales, pero no nos ha dado los elementos necesarios para que podamos sustituirlas con dignidad. De este modo lo hemos perdido todo sin ganar nada.

25 —Sólo miseria —dijo Taíb.

—Y ahora no nos quieren —intervino Ahmed—. Cuando se necesitaban brazos para reconstruir Europa, los inmigrantes éramos bien recibidos, viniésemos de donde viniésemos, pero ahora que esa tarea ya está hecha y no hay trabajo para
30 todos, dicen que debemos quedarnos en casa. ¿A qué? ¿A pasar hambre? ¿A ver cómo pasan hambre nuestras familias?

---

1 **un abuso** mal uso, excesivo o indebido de uc o up – 7 **explotar** sacar provecho de uc (abbauen) – 7 **los recursos** *naturales* pl Bodenschätze – 9 **un expolio** robo con maldad – 10 **el desarrollo** progreso, crecimiento – 11 **las materias primas** Rohstoffe – 15 **vinculado** relacionado, unido – 18 **imponer** obligar, poner uc por la fuerza – 23 **sustituir** cambiar, poner uc el lugar de otro – 23 **la dignidad** → digno

Ana estaba interesadísima en el rumbo que había tomado la conversación. Nunca había mirado el hecho colonial desde la óptica que adoptaba Alí. Como una expoliación sistemática. De hecho, nunca se había planteado a fondo el problema de
5 los países de origen de los inmigrantes. Había elegido aquel tema de trabajo por su actualidad y movida por un íntimo sentimiento de compasión ante el sufrimiento, pero ahora descubría una serie de razones que, como mínimo, hacían dudar de la legitimidad de las medidas que tomaban los
10 gobiernos de la Europa comunitaria.

—Comprendo vuestro punto de vista, pero si la realidad occidental en estos momentos es que no hay trabajo, que estamos en medio de una grave crisis económica, y que una gran parte de la población está en paro, es normal que se
15 quiera regular la entrada de trabajadores inmigrantes.

—Sí, es normal, tan normal como aprovecharse de nuestros recursos, inundarnos los mercados con vuestras sobras o vendernos como nuevas tecnologías obsoletas.

—¿Qué quieres decir?

20 —Nada, simplemente me quejo. ¿Por qué tiene que ser normal que nosotros seamos siempre los perdedores? ¿Por qué en los países del norte veis como algo normal la desgracia de los países del sur? ¿Tú crees que es justo o «normal», como dices, que nos condenéis a la más espantosa miseria para
25 defender vuestra opulencia?

Ana calló. No sabía qué decir. En la reunión se hizo un silencio tenso. Por fin, se habían repartido los papeles y, de pronto, los personajes se encontraban representando los mundos opuestos a que pertenecían. Ana apreciaba a aquellos
30 hombres, admiraba su valor, su capacidad de sufrimiento, deseaba aproximarse a ellos, pero las palabras de Alí habían marcado las diferencias. Ella, quisiera o no, pertenecía al

---

3 **una expoliación** robo (→ expolio) − 4 **a fondo** en profundidad − 9 **una medida** Maßnahme − 22 **la desgracia** mala suerte; *aquí*: miseria − 24 **espantoso** terrible, horrible − 29 **apreciar** sentir afecto o estima por up

norte. No podía acercarse a los del sur por simple curiosidad o por mera compasión; ellos no querían compasión, lo que reclamaban era el reconocimiento de sus derechos, y esto significaba implicación, compromiso, compartir su interpretación de los hechos. No querían golpecitos amistosos en la espalda, sino brazos para marchar juntos.

Saíd intuyó que Ana se sentía confundida y salió en su ayuda.

—Es muy tarde. Quizá podríamos continuar otro día.

—Tienes razón —dijo Ahmed, cogiendo el laúd del suelo—. Mañana nos toca madrugar.

Mientras Ana recogía en silencio sus notas, Alí se le acercó.

—No te habrás molestado por lo que he dicho, ¿verdad? No era nada personal, sólo quería hacerte comprender nuestra posición.

Ana le miró y sonrió.

—No, no me has molestado. Al contrario, te agradezco que hayas sido tan sincero y me hayas hecho ver que vuestra presencia en Barcelona no es una simple aventura personal, sino que responde a una situación mucho más general y compleja.

—Lo más lamentable es que la mayoría de nosotros tampoco es consciente de esto, y sin esta consciencia es muy difícil actuar para modificar las cosas. La mayor parte de los inmigrantes, analfabetos, sin ninguna formación ni cultura, no saben ver más allá de su problema personal y son incapaces de organizarse mínimamente para hacerse oír. No se dan cuenta de que así son mucho más vulnerables en medio de una sociedad que desconocen y que les vuelve la espalda. Solos y marginados, únicamente pueden vivir en la desesperanza. Vosotros nos veis como una amenaza, y en realidad somos las víctimas de una sociedad injusta.

2 **mera** simple, sola – 3 **un reconocimiento** Anerkennung (→ reconocer) – 4 **una implicación** participación – 11 **tocar a up uc** tener que hacer uc, estar obligado a uc – 23 **la con(s)ciencia** conocimiento detallado y real de uc – 28 **vulnerable** débil, que se le puede hacer daño – 29 **volver la espalda a up** rechazar – 30 **marginado** que no es parte de la sociedad

Cuando salieron del restaurante eran cerca de las doce de la noche. Tras despedirse de los demás, Saíd, Ahmed y Ana echaron a andar. Taíb se había marchado mucho antes a cumplir con sus obligaciones conyugales.

5 Las calles estaban casi vacías y los pasos de los tres amigos resonaban sobre el empedrado.

—No le hagas mucho caso a Alí —le dijo Ahmed a Ana—. Cuando le da por soltar el rollo, no sabe parar. Podría estar hablando horas y horas para decir que no es justo que nosotros 10 seamos pobres, y vosotros, ricos. Pero siempre ha habido pobres y ricos.

Ana no hizo ningún comentario. En su cabeza bullían las palabras de Alí y los pensamientos que habían desencadenado. En unos instantes puso en tela de juicio los valores que hasta 15 entonces había aceptado sin aspavientos y se sintió integrante de un mundo que no le gustaba. ¡Había tantas cosas mal planteadas y peor resueltas!

—Habría que hacer un reparto más equitativo de la riqueza —apuntó como si hablase para sí misma—. Que no hubiera 20 las diferencias tan grandes que hay ahora entre unos países y otros…

—¡Bah! Esto no pasará nunca. Ya me dirás cuántos españoles, ingleses, franceses o de donde sea estarían dispuestos a trabajar para dar parte de sus ganancias a los marroquíes, a los 25 senegaleses o a los somalíes.

Llevaban un rato oyendo pasos y voces a sus espaldas. Fue Saíd, algo ausente de la conversación, el primero que se volvió y los vio. Eran seis chicos que iban vestidos con vaqueros y cazadoras, calzaban botas militares y llevaban el pelo muy 30 corto, casi rapado.

---

4 **cumplir** realizar, hacer – 4 **conyugal** de pareja – 6 **resonar** hacer ruido – 6 **un empredrado** pavimento, suelo de piedras – 8 **soltar el rollo a up** *coloq* hablar mucho – 13 **desencadenar** provocar, originar (→ cadena) – 14 **poner en tela de juicio** *loc* en duda sobre la verdad o el éxito de uc – 15 **un aspaviento** demostración en exceso de un sentimiento; *aquí*: protesta – 15 **integrante** que forma parte de uc, que está dentro de uc – 18 **equitativo** justo, igualitario – 27 **ausente** ≠ presente, fuera de uc *p ej* un lugar – 27 **volverse** girarse, mirar para atrás – 30 **rapado** con el pelo muy corto

—¿No os he dicho que eran dos moros de mierda? —dijo el más alto cuando vio la cara de Saíd.

—¿Y qué hacen dos moros de mierda a estas horas de la noche en la calle con una rubia?

5 —No lo sé. Quizás deberíamos preguntárselo.

Entonces, también Ana y Ahmed se volvieron. Estaban al final del paseo de Lluís Companys y, aparte del grupo de chicos, no se veía a nadie por la calle.

—Son *skins* —dijo Ana, inquieta—. No os paréis. No les 10 digáis nada. Y si veis un taxi, detenedlo.

—¡Eh, moros de mierda! —oyeron que les gritaban—. ¿Se puede saber qué estáis haciendo?

—A lo mejor han ligado.

—Imposible. Los moros son todos maricones.

15 A pesar de que Ana, Saíd y Ahmed habían acelerado el paso, las botas resonaban cada vez más cerca.

—Mira que son desgraciados esos tipos: además de moros, sordos. ¿No oís que os estamos hablando?

—Creo que deberíamos correr —dijo Ahmed—. Se están 20 acercando mucho.

—¿Y si han raptado a la chica y se la llevan para violarla?

—¡No jodas!

—Los moros son capaces de eso y de mucho más.

—Pues si es eso, no podemos permitirlo. ¿No os parece?

25 Ya habían encontrado la excusa para atacarlos.

—¡Corramos! —gritó Ana de pronto.

—Vayamos hacia la entrada del parque —dijo Saíd, recordando que allí solía haber un coche de la Policía.

—¡Eh, tíos, que huyen!

30 Y el grupo de *skins* echó a correr detrás de ellos.

—¡Venga, que no escapen!

---

7 **aparte** *aquí*: además de, excepto – 9 **skin**/*heads* o cabezas rapadas, grupo apolítico asociado a la ideología nacional-socialista – 14 **un maricón** *despect* homosexual – 18 **sordo** que no oye – 21 **raptar** secuestrar (entführen) – 21 **violar** abusar sexualmente de up contra su voluntad – 22 **¡No jodas!** *vulg* expresa sorpresa, asombro o molestia

Saíd había cogido a Ana de la mano y tiraba de ella sin dejar de correr. Ahmed, que llevaba el laúd, empezaba a quedarse atrás.

—¡Deja el laúd, Ahmed! —gritó Saíd.

5 Pero Ahmed no quería abandonar su instrumento. Tenían a los *skins* pegados a los talones cuando vieron doblar un taxi por el paseo de Picasso. Saíd, sin soltar a Ana, corrió por el centro de la calzada hacia el taxi.

—¡Ya te tengo, moro de mierda!

10 Ahmed sintió que lo agarraban por el cuello de la chaqueta y quiso volverse para deshacerse del agresor; pero, por el impulso de la carrera, perdió el equilibrio y cayó de lado; encima de él cayó el que lo sujetaba, y los dos rodaron por el suelo. Mientras, Saíd había logrado que el taxi se detuviera,

15 echándose prácticamente encima de él. Ana, que se había soltado del muchacho para correr hacia la puerta lateral, la abrió. Entonces, sin preocuparse de la presencia del taxista, dos de los cabezas rapadas cogieron a Saíd y lo tiraron al suelo. Unos metros más allá, Ahmed se defendía como podía de la

20 lluvia de puntapiés que le caía encima. El taxista contemplaba la escena, atónito, sin saber qué hacer.

—¡Embístelos! —gritó Ana, desesperada—. ¡Embístelos o los matarán!

El taxista puso la marcha y se lanzó contra los dos *skins* que

25 golpeaban a Saíd. La inesperada embestida les hizo retroceder.

—¡Taxista, hijo de puta! ¿Quieres cobrar tú también?

Aprovechando que los *skins* se habían retirado unos cuantos metros, Ana abrió la puerta del taxi.

—¡Sube, Saíd! ¡Corre!

30 Saíd se levantó y saltó al interior del taxi cuando los dos cabezas rapadas se abalanzaban otra vez sobre él. El taxista

---

6 *tener a up* **pegado a los talones** muy cerca – 10 **un cuello** *de chaqueta* Kragen –
11 **deshacerse de up** liberarse, soltarse de up – 22 **embestir** atacar, abalanzarse
(→ embestida) – 26 **cobrar** *aquí:* ser golpeado

arrancó de nuevo y arrastró a uno de ellos, que se había agarrado a la puerta para impedir que la cerrasen.

—¡Para, hijo de puta, para!

Pero el taxista no se detuvo hasta que el *skin* rodó por la
5 calzada. Mientras, los otros tres continuaban golpeando a Ahmed de mala manera. El taxista, que ya se había calentado, hizo una rápida maniobra y enfiló hacia ellos.

—¡Cuidado! ¡El taxi!

Pero ya era demasiado tarde. El coche enganchó de lleno
10 a uno, que rodó por encima del capó y cayó al suelo. Los otros dos se apartaron. El ataque del taxi les hizo olvidarse de Ahmed y los lanzó contra el vehículo. El taxista hizo girar bruscamente el coche y enfiló de nuevo contra los *skins,* que salieron corriendo hacia la acera. Cuando llegó a la altura de
15 Ahmed, el taxista frenó.

—¡Venga! ¡Subidlo! ¡Rápido!

Saíd abrió la puerta y bajó. Cogió a Ahmed del suelo con todas sus fuerzas y, con ayuda de Ana, lo metió en el taxi. Los *skins* habían vuelto a acercarse, pero parecía que desistían de
20 atacarlos. Ahora su ira iba dirigida contra el taxista.

—¡Tenemos tu matrícula, cabrón! ¡Te buscaremos! ¡Esto no va a quedar así!

El taxista, cargado de adrenalina hasta las orejas, arrancó de nuevo y volvió a embestir a los *skins,* que se dispersaron en
25 todas direcciones.

—¡Si llego a coger a uno le aplasto la cabeza!

—Déjalos, por favor —suplicó Ana—, y llévanos al hospital. Nuestro amigo está muy mal.

En efecto, Ahmed estaba hecho una piltrafa. Había perdido
30 el conocimiento, y le salían hilos de sangre de la nariz y de una

---

1 **arrastrar** tirar de uc rozando el suelo (schleifen) – 3 **hijo de puta** *vulg* insulto:
Hurensohn, Arschloch – 6 **calentarse** *fig* exaltarse, excitarse, animarse – 10 **un capó**
Motorhaube – 14 **una acera** parte de la calle para la gente – 15 **frenar** parar, detener
uc (bremsen) – 19 **desistir** abandonar, no hacer uc planeada – 20 **la ira** Zorn –
24 **dispersarse** separarse – 26 **aplastar** deformar uc por un golpe dejándolo plano –
29 **una piltrafa** up en muy mal estado – 29 **perder el conocimiento** bewusstlos sein/
werden

oreja. Además, tenía una herida en la ceja, que le sangraba mucho, y la mano derecha tumefacta.

—Se la han debido de aplastar —dijo Saíd mientras intentaba estirar los dedos agarrotados de su amigo.

5 —¡Dios mío! ¡Qué salvajada! —exclamó Ana, completamente trastornada por lo que acababa de vivir—. ¿Tú estás bien? —preguntó a Saíd.

—Sí. Sólo he recibido unos golpes.

El taxista, como estaba excitado, conducía a gran velocidad.
10 En un momento llegaron al Hospital Clínico. Pero antes de entrar, Saíd bajó del taxi y cogió otro para ir a su casa. No quería verse involucrado en aquello. Seguramente intervendría la policía, y no le convenía que le vieran. Fue Ana quien tuvo que acompañar a Ahmed hasta urgencias y la primera en saber
15 que las lesiones podían ser graves. Además de las contusiones, tenía un traumatismo craneoencefálico producido por las patadas que había recibido en la cabeza, y no sabían hasta qué punto estaba afectado el cerebro. Para averiguarlo, tenían que hacerle unas cuantas pruebas.

20 Después de denunciar el incidente a la patrulla de policía que acudió avisada por la recepcionista de urgencias, el taxista se despidió de Ana.

—Gracias. Si no llega a ser por ti, ahora quizá estaríamos los tres ingresados —dijo Ana, agradecida.

25 —Tengo que confesar que si tu amigo no se hubiera puesto delante del taxi, probablemente no habría parado. No me hacen ninguna gracia los cabezas rapadas. Son muy peligrosos. Son capaces de matar sin ningún motivo, por diversión.

La llegada de Saíd puso fin a la conversación.

30 —¿Por qué has venido? Todavía no se ha ido la policía.

---

1 **una herida** Wunde – 1 **una ceja** Augenbraue – 2 **tumefacto** hinchado – 5 **una salvajada** uc brutal y salvaje – 6 **transtornado** inquieto, confuso – 12 **verse involucrado en uc** estar relacionado con, metido en uc – 13 **convenir** ser bueno o conveniente uc – 15 **una lesión** daño del cuerpo por *p ej* una enfermedad – 15 **una contusión** daño en el cuerpo por un golpe – 16 **un traumatismo craneoencefálico** Schädel-Hirn-Trauma – 18 **un cerebro** Gehirn – 18 **averiguar** buscar la verdad hasta encontarla – 21 **acudir** ir – 23 **llegar a ser** *aquí*: ser – 24 **ingresado** dentro en un hospital para ser curado – 25 **confesar** decir un secreto a up

—No podía dormir. Estoy muy alterado. ¿Cómo está Ahmed?

—Sigue inconsciente. Aún no saben el alcance de las lesiones.

—No le he dicho nada a Taíb. Va tan cansado… Y si se hubiera enterado habría querido venir.

De madrugada les comunicaron que las pruebas que le habían hecho a Ahmed mostraban la existencia de lesiones graves en el cerebro y que debía quedar ingresado. De momento, su situación era estacionaria.

Como no podían hacer nada más, Saíd y Ana se marcharon: él, a coger el tren para ir a trabajar, y ella, a su casa.

—Relacionarte conmigo sólo te crea problemas —dijo Saíd—. Hace un mes, la pelea con Hussein; ahora, esto. Tal vez sería mejor que no nos viésemos más.

Ana le miró, sorprendida.

—No digas tonterías. Las cosas pasan porque tienen que pasar.

Saíd pensó que sí, que tenía razón, pero que a veces no deberían pasar. Por ejemplo, él no podía enamorarse de Ana y, a pesar de saberlo, se estaba enamorando de ella. Por eso había hecho aquella propuesta, aparentemente absurda; por eso le complacía y le preocupaba a la vez que ella la hubiese calificado de tontería; por eso no pudo evitar estrecharle la mano en el momento de bajar del taxi que los llevó a la estación de cercanías.

—Hoy será un día largo. ¿Puedo llamarte al mediodía para saber algo de Ahmed?

—Claro que sí.

Y su consentimiento le confortó.

---

1 **alterado** inquieto, nervioso – 2 **el alcance de uc** importancia – 22 **complacer** agradar, gustar uc – 29 **un consentimiento** permiso para uc – 29 **confortar** hacer sentir mejor

7 Skins

El domingo siguiente al incidente con los *skins*, el suplemento de *El País* les dedicó, casualmente, un amplio reportaje. Ana lo leyó interesada y se indignó. ¿Cómo podía haber alguien capaz
5 de pensar todas aquellas barbaridades y vanagloriarse de ello públicamente? Tenían que estar enfermos, por fuerza.

«—La gente que no es de raza blanca me desagrada. El color de la piel, el olor, su forma de hablar, de mirar, todo me da asco. Por eso no quiero que vengan a España. No quiero que
10 contaminen mi país. Sólo hay una raza superior: la blanca, y para mantenerla pura tenemos que echarlos.»

«—No, yo no agredo a personas normales; sólo agredo a la escoria de la sociedad: inmigrantes, *punkis*, anarquistas, homosexuales, drogadictos y antirracistas; a todos éstos no
15 tengo ningún inconveniente en zurrarles hasta hacerles echar el hígado por la boca. Y lo hago convencido de que estoy prestando un servicio a la humanidad.»

«—Sí, he tenido muchas peleas, he calentado sobre todo a drogadictos, maricones y negros, y cuando los golpeo lo hago
20 con toda mi alma, quiero que aquel desgraciado se acuerde del día en que se cruzó en mi camino.»

«—No, no suelo ir armado, tengo suficiente con los puños y las botas de punta metálica. Con la primera hostia los tiro al suelo, y luego utilizo las botas; son formidables; si quiero, con
25 una patada bien dada puedo matar a un cerdo de ésos.»

Y todo el artículo era igual. Hasta explicaba que, hacía poco, el grupo de *skins* entrevistados había apaleado a un negro en un supermercado hasta dejarlo casi muerto.

---

2 **un suplemento** parte especial y extra de un periódico – 3 **El País** periódico español más importante fundado en 1976 – 3 **amplio** grande, extenso – 4 **indignar** irritar, enfadar mucho a up – 5 **una barbaridad** crueldad – 5 **vanagloriarse de uc** presumir (angeben) de uc criminal o vergonzoso (beschämend) – 13 **una escoria** despect basura, up despreciable (Abschaum) – 15 **zurrar a up** coloq pegar, golpear – 16 **un hígado** Leber – 17 **prestar un servicio** ayudar, ser útil a uc o up – 18 **calentar** coloq pegar, golpear – 20 **el alma** f Seele – 22 **armado** con armas (Waffe) – 23 **una hostia** Esp vulg golpe – 27 **apalear** golpear con un palo (Stock)

Ana se indignó con los personajes y con el periódico. Era vergonzoso que dedicasen diez páginas a presentar a aquellas bestias sin sentimientos, capaces de matar por un simple problema de pigmentación. Si la violencia se convertía en un juego, en una distracción de psicópatas, estaríamos todos en peligro; aquel día eran los negros o los marroquíes, pero al siguiente podían ser los señores bajitos, las chicas con minifalda o los miopes con más de seis dioptrías. ¿No lo veía la gente? ¿No lo veían las autoridades? ¿No se daban cuenta de que se estaban poniendo en peligro las bases fundamentales de toda convivencia: la tolerancia y el respeto mutuo?

Ana cerró el suplemento del periódico y se puso a pensar qué podía hacer. No quería quedarse quieta, indiferente, ante tanta violencia impune. Ahmed seguía aún en el hospital y un grupo de *skins*, quizá los mismos que le dieron la paliza, confesaba públicamente ante la sociedad entera que ellos se dedicaban precisamente a eso, a propinar palizas a la gente que no les gustaba. ¿Cómo era posible tanta arrogancia, tanto cinismo? ¿Cómo era posible que la gente no reaccionase ante semejante provocación? Porque aquello era una provocación evidente. Finalmente, Ana decidió llamar a un amigo abogado y contarle lo que le había ocurrido y lo que pensaba después de leer el reportaje. Y ese amigo le sugirió que se pusiese en contacto con la asociación SOS Racismo, porque seguramente ellos sabrían cómo llevar a cabo algún tipo de acción.

Lo que hizo SOS Racismo, después de escuchar a Ana y visitar a Ahmed en el hospital, fue presentar una querella criminal en el Juzgado de Guardia por intento de asesinato y, de esta manera, obligar a abrir una investigación mucho más seria que

---

8 **un miope** up que ve mal de lejos − 11 **mutuo** entre sí − 14 **impune** sin castigo − 15 **una paliza** serie de golpes dados a up − 17 **propinar** dar un golpe − 20 **semejante** *aquí*: tal − 21 **un abogado** up que ha estudiado Derecho − 23 **sugerir** proponer, aconsejar uc − 24 **SOS Racismo** *Cataluña* 1989, asociación a favor de los derechos humanos y contra el racismo − 25 **llevar a cabo uc** realizar, hacer uc − 27 **una querella** Strafantrag − 28 **Juzgado de Guardia** *juzgado* (Gericht) que resuelve *p ej* sobre la situación de los inmigrantes ilegales detenidos − 28 **un asesinato** crimen, muerte de up por up

la que había iniciado la policía. Precisamente, unas semanas antes se había dictado una sentencia condenatoria contra unos cabezas rapadas que habían matado a patadas a un *travestí* en el parque de la Ciutadella. La sentencia consideraba las
5 botas de punta metálica como el arma homicida, y la abogada de SOS Racismo fundamentó su querella en que la agresión contra Ahmed se había llevado a cabo con la misma arma.

—Te estás comprometiendo mucho, Ana —le dijo su padre cuando le contó lo que estaba haciendo para que no quedase
10 impune la agresión de que había sido objeto Ahmed—. Comprendo que estés indignada. Yo también rechazo la violencia y el racismo, pero te estás poniendo en el punto de mira de esos grupos violentos. ¿Qué vas a hacer si los cogen y tienes que identificarlos? ¿Te das cuenta del riesgo que correrás
15 en ese caso?

—¿Y qué crees tú que debo hacer? ¿Callar y aceptar que estos salvajes impongan su ley? ¿Qué harías tú si en lugar de Ahmed fuese yo quien estuviera en el hospital en estado de coma? ¿Te cruzarías de brazos y me dirías: mira, nena, esto te pasa por ir
20 con marroquíes?

El padre de Ana calló. Sí, ¿qué habría hecho si la víctima de aquel ataque brutal hubiera sido su hija? Seguramente lo mismo que estaba haciendo ella. Remover cielo y tierra para que los culpables pagasen. No podía decirle nada, pues.
25 Tragarse la inquietud que sentía y darle todo su apoyo.

Por otro lado, como las desgracias nunca vienen solas, el incidente puso en evidencia la situación ilegal de Ahmed. Al revisar sus papeles, la policía vio que tenía caducado el permiso de estancia en España como turista y tramitó la
30 correspondiente denuncia. Esto significaba que cuando se

---

2 **dictar sentencia** ein Urteil fällen – 2 **condenatoria** que condena – 5 **homicida** que causa la muerte – 8 **comprometerse** arriesgarse, adquirir un compromiso – 15 **un caso** Fall – 19 **cruzarse de brazos** no hacer nada – 19 **nena** *coloq* como expresión de cariño para chicas o mujeres – 23 **remover cielo y tierra** *loc* revolver, buscar por todos los lugares para encontrar una solución a uc – 24 **un culpable** schuldig – 25 **un apoyo** *aquí*: ayuda – 28 **revisar** controlar, mirar uc con atención uc – 29 **tramitar** gestionar, llevar a cabo (→ trámite) – 30 **una denuncia** notificación a la autoridad de un delito (→ denunciar)

recuperase de la paliza, si es que llegaba a recuperarse, podían mandarlo a Marruecos.

Por suerte, la intervención de SOS Racismo y del Centro de Información para Trabajadores Extranjeros (CITE), de
5 Comisiones Obreras, fue decisiva a la hora de buscar una solución a la situación ilegal de Ahmed. Después de hablarlo, representantes de las dos organizaciones fueron a ver al dueño del restaurante donde trabajaba Ahmed y le presionaron para que le hiciese el contrato de trabajo. Cuando lo tuvieron, lo
10 llevaron al Gobierno Civil para que se tramitase el visado. De esta manera, en pocos días, Ahmed consiguió lo que no había logrado en tres años: tener los documentos necesarios para obtener un permiso de residencia. Claro que la tramitación de los papeles se vio favorecida por el eco que el caso de Ahmed
15 tuvo en la prensa durante los nueve días que estuvo entre la vida y la muerte, y por la sensibilización popular que despertó una manifestación convocada por distintas asociaciones y organizaciones antirracistas y de defensa de los derechos humanos.
20 Al cabo de un mes, cuando Ahmed empezó a tener conciencia de dónde estaba y de qué le había ocurrido, se encontró con que tenía la situación legal regularizada. Pero eso, por lo que llevaba luchando tres años, le dejó indiferente. Su situación vital era tan precaria que no le permitía
25 contemplar como un éxito nada que no fuera dar cuatro pasos seguidos sin apoyarse en la enfermera, o llevarse la cuchara a la boca sin que se le cayera encima la sopa. El traumatismo craneal de Ahmed era grave y tardaría mucho tiempo en estar en condiciones de hacer vida normal.

---

1 **recuperarse** mejorar, volver a un estado normal después de una situación difícil *p ej* una enfermedad – 3 **CITE** organización que tiene como funciones informar y orientar al extranjero *p ej* para conseguir papeles – 5 **comisiones obreras** sindicato español con mayor número de miembros – 8 **presionar a up** hacer presión, obligar – 10 **el Gobierno Civil** – 17 **convocado** organizado – 22 *una situación* **regularizada** regulada, legal

Sin Ahmed, el grupo Baraka decidió disolverse. Él había sido el aglutinador de todos y, ahora que les faltaba, no se sentían capaces de continuar. Su desaparición quería ser también una muestra de admiración y respeto hacia su amigo. Cuando
5 estuviese bien volverían a tocar, pero mientras él no pudiera acariciar de nuevo las cuerdas del laúd, Baraka guardaría silencio.

En la última actuación del grupo sustituyó a Ahmed un famoso músico de Tánger, y el concierto adquirió el
10 carácter de homenaje y denuncia. Asistió mucho público, y no únicamente marroquí, sino también gente vinculada a distintas asociaciones antirracistas y de derechos humanos. Al final, después de unas palabras de recuerdo y aliento para Ahmed, pronunciadas por Abd-el-Jalil, el músico de Tánger,
15 salió a hablar Alí. El joven comenzó denunciando con dureza que una sociedad culta y evolucionada, que presumía de ser el máximo exponente de la civilización actual, tolerase que se cometieran actos vandálicos como el llevado a cabo contra Ahmed, y a continuación pasó a hablar de la emigración y de
20 los inmigrantes.

—A menudo nos preguntan por qué emigramos de nuestros países para lanzarnos a una aventura incierta, llena de sufrimientos, y que a veces, como en el caso de Ahmed, puede llevarnos incluso a las puertas de la muerte. La respuesta es
25 bien sencilla: porque no podemos hacer otra cosa. No podemos continuar viviendo bajo gobiernos corruptos, aparecidos después de la larga y devastadora noche del colonialismo, que sumen a nuestro pueblo en la miseria. Emigramos porque no queremos resignarnos al papel que nos han asignado las
30 grandes potencias mundiales en esta división injusta de la riqueza y el trabajo. No queremos formar parte de esa reserva

---

1 **disolverse** desaparecer, separarse – 2 **un aglutinador** up que une uc *p ej* un grupo de gente – 10 **un homenaje** Ehrung – 10 **asistir** acudir, ir – 13 *palabras* **de aliento** de ánimo – 18 **cometer** realizar, llevar a cabo – 27 **devastador** destructor, que destroza – 30 **una división** reparto (Teilung)

de mano de obra barata, por no decir gratuita, que son los países del Tercer Mundo. Asimismo, emigramos por dignidad; escogemos el doloroso camino del exilio antes que aceptar una existencia de humillación e indigencia para nosotros y
5 nuestros hijos. Y no tenemos por qué avergonzarnos de ser inmigrantes; al contrario, hemos elegido un camino difícil, lleno de inconvenientes, del que debemos estar orgullosos. Luchar para vivir dignifica al hombre, y nosotros lo hacemos con todas nuestras fuerzas. Muchas personas de los países a
10 los que llegamos dicen que les quitamos el trabajo, y utilizan este argumento para justificar su rechazo. Pero eso no es cierto. Nosotros no le quitamos a nadie el puesto de trabajo porque trabajamos, casi exclusivamente, en sectores donde hay falta de mano de obra nacional; es decir, hacemos los trabajos
15 que nadie del país quiere hacer. Además, quienes piensan así, olvidan que con nuestras aportaciones a los servicios de asistencia social contribuimos a mantener una estructura asistencial de la que probablemente nunca nos beneficiaremos, porque, si algún día podemos volver a nuestros países, lo
20 haremos, ya que ése es el sueño de casi todos los inmigrantes. No somos, pues, sanguijuelas, como quieren hacernos creer, sino trabajadores necesarios. ¡Por todo ello, rechazamos que se nos trate como unas simples máquinas de producir, que se utilizan o no según la situación económica del momento!
25 ¡Nosotros y nuestras familias somos seres humanos con las mismas necesidades que los demás y queremos que se nos reconozcan los derechos más elementales: el derecho a la vida, a la libertad, a la dignidad, al trabajo, a la salud, a la educación, y también el derecho a conservar nuestras creencias y nuestra
30 cultura!

---

1 **la mano de obra** Arbeitskräfte − 2 **asimismo** del mismo modo − 4 **humillación** denigración, ataque a la dignidad de up − 4 **la indigencia** pobreza, falta de medios para vivir − 8 **dignificar** hacer uc digno − 11 **justificar** begründen − 16 **una aportación** uc que se da o se añade − 17 **la asistencia social** Sozialfürsorge − 17 **contribuir** participar, pagar una cuota beitragen zu − 18 **beneficiarse** sacar un beneficio o ganancia de uc − 21 **una sanguijuela** *coloq* up que va sacando a otra uc *p ej* dinero (Blutsauger)

El tono de Alí, que fue haciéndose más vehemente a medida que hablaba, provocó un fuerte aplauso. Por unos minutos, el poder de las palabras devolvió la autoestima a unas personas discriminadas y marginadas, golpeadas diariamente por la indiferencia y el rechazo. Ana también aplaudió. La arenga de Alí, encaminada a que todos los emigrantes asistentes al acto recobraran la confianza en su aventura personal, le había parecido admirable. Era absolutamente necesario que, ante actitudes de rechazo tan violentas como las que se registraban en toda Europa, alguien dijese que lo que estaban haciendo, a pesar de la presión del entorno, no era nada malo ni reprochable, sino, por el contrario, una manera digna de ejercer el derecho de vivir.

A la salida, Saíd vio a Hussein acompañado de Fátima, que todavía le pareció más bonita. El muchacho quiso ignorarlos, pero Hussein le llamó.

—¡Saíd! ¡Saíd!

Saíd se detuvo y vio aproximarse a Hussein, sonriente.

—Quiero hablar contigo. ¿Por qué no te pasas un día por casa?

—¿Qué tienes que decirme? —el tono de Saíd era seco.

—Es difícil de explicar en pocas palabras… Pero creo que te puede interesar.

Saíd le miró con cierta curiosidad.

—Es sobre lo que os pasó a Ahmed y a ti —continuó Hussein—. ¿Por qué no vienes un día a cenar? —insistió—. Puedes venir con Ana —añadió al ver a la muchacha, que se mantenía a una cierta distancia esperando a Saíd—. Será una buena ocasión para disculparme con ella.

—No lo sé… Deja que lo hablemos.

Fátima, que también se mantenía apartada de los dos amigos, no les quitaba la vista de encima.

---

1 **vehemente** apasionado – 3 **la autoestima** valoración de uno mismo – 5 **la arenga** dircurso apasionado – 7 **recobrar** volver a tener uc perdido – 11 **un entorno** medio que rodea uc – 12 **reprochable** criticable, censurable (tadelnswert) – 13 **ejercer** hacer uso de uc

—¿Sales con ella? —preguntó Saíd, inesperadamente.

Hussein sonrió.

—Sí, pero no es lo que piensas. He cambiado, Saíd. De verdad. Esta vez me he enamorado.

5 —¿Y sabe ella a qué te dedicas?

—De eso precisamente quiero hablar contigo. Quiero dejar ese tipo de vida y buscar un trabajo decente.

Saíd permaneció en silencio. No sabía si creer o no lo que Hussein le decía. Un lobo no se convierte en cordero de la 10 noche a la mañana.

—Venga, quedemos para el jueves próximo —insistió Hussein—. Es importante que hablemos.

Y los dos amigos se separaron con la cita fijada.

El dueño del restaurante donde trabajaba Ahmed le ofreció 15 el trabajo de éste a Saíd.

—Pero ten presente que es sólo hasta que pueda venir él —aclaró.

—Si no fuese así no lo aceptaría —dijo el muchacho.

Eso significó una importante mejora en su calidad de vida. 20 Ya no tenía que levantarse a las cinco de la mañana, ni que trabajar doce o catorce horas para ganarse el jornal. Ahora, aunque no cobraba mucho más, el horario le permitía hacer otras cosas. Y se apuntó a uno de los cursos de catalán que organizaba el CITE.

25 —¿Así que ahora aprendes catalán? —dijo Hussein.

—Sí; tengo tiempo, no me cuesta nada y es una manera de conocer gente nueva y de integrarme más aquí —respondió Saíd mientras comía con apetito. Era el ramadán, el mes de ayuno anual, y el muchacho, que cumplía algunas de las 30 obligaciones que imponía su religión, no había comido nada

9 **de la noche a la mañana** *loc* de repente – 23 **apuntarse a uc** inscribirse – 29 **el ayuno** acción de no comer, ≠ desayuno

89

en todo el día—. También a ti te vendría bien aprender catalán. Te puede ayudar para encontrar trabajo —añadió Saíd.

Continuaron comiendo en silencio un rato.

—Casi hemos terminado de cenar y todavía no me has dicho
5 para qué querías verme —dijo Saíd tras beber un poco de agua.

Hussein volvió a servirse vino y le miró.

—He estado pensando en ello estos días y creo que deberíamos hacer algo más que quejarnos de las agresiones de
10 los grupos racistas. Cada vez hay más, y más violentas.

—La gente de SOS Racismo ha denunciado la agresión que sufrimos Ahmed y yo, y la policía está investigando…

—La policía no hará nada —le cortó Hussein—. Los policías son los primeros en amargarnos la vida. Cualquier excusa es
15 buena para llevarnos a la comisaría y humillarnos. ¿Sabes qué le pasó el otro día a Hassan? Dos individuos le pararon y, sin identificarse como policías, le pidieron que les enseñase los papeles. Como se negó, lo llevaron a la comisaría y allí, después de ver que los tenía en orden, uno de ellos le puso la
20 pistola en la cabeza y le dijo que se volviese a su país, que aquí no lo querían.

Hussein hizo una breve pausa para aumentar el dramatismo de su relato; después continuó:

—La mayoría de los policías son tan racistas como los que os
25 apalearon. ¿Crees que los van a coger? No. Saben quiénes son, pero no los cogerán.

—¿Y qué crees que tenemos que hacer?

—Plantarles cara. No acobardarnos. Si apalean a uno de los nuestros, nosotros apalearemos a uno de los suyos. Formar un
30 grupo de acción capaz de enfrentarse a esos que tienen por diversión golpearnos. Ya somos unos cuantos los que estamos de acuerdo en eso. ¿Te unes?

---

15 **humillar** herir el orgullo de up (→ humillante) – 22 **aumentar** hacer mayor uc –
28 **acobardarse** tener miedo (→ cobarde)

Saíd se quedó pensativo. No sabía qué hacer. Por un lado entendía la actitud airada de Hussein: también él había sentido deseos de tomarse la justicia por su mano cuando supo el estado de Ahmed; recordaba que, lleno de rabia,
5 pensó salir a la calle y sacudirle al primer cabeza rapada que encontrase, como hacían ellos con los magrebíes. Pero no lo hizo: la voluntad de rechazar la violencia se sobrepuso al odio y al sentimiento de venganza instintivos.

—¿Qué me dices? —insistió Hussein ante el silencio de su
10 amigo.

—No lo sé... Te entiendo, pero pienso que ésa no es la solución. Lo único que conseguiremos respondiendo a la violencia con violencia es iniciar una guerra con los grupos racistas, que no nos hará ningún bien.

15 —¿Y qué conseguimos aguantando?

—Si adoptamos la violencia como respuesta, les daremos argumentos para justificar su actitud de rechazo, y la gente, que desconfía de nosotros simplemente porque somos distintos, todavía desconfiará más.

20 —No lo creas. Si nos hacemos respetar, nos respetarán.

—Pero no es por el miedo por lo que tienen que respetarnos. Tenemos que ganarnos su respeto y su aceptación mostrándoles que somos gente normal, que lo único que queremos es trabajar y vivir con dignidad.

25 —Por Alá que no te entiendo. Eres capaz de pelearte conmigo por una mujer, y ahora, que tienes a tu mejor amigo en el hospital después de recibir una paliza de muerte, no piensas hacer nada.

—No es verdad que no esté haciendo nada. Estoy
30 colaborando con la gente de SOS Racismo para que cojan a los agresores, los juzguen y los manden a prisión.

---

3 **tomarse la justicia por la mano** *loc* Selbstjustiz üben – 4 **la rabia** Zorn – 5 **sacudir** *aquí*: golpear, pegar – 8 **la venganza** Rache – 31 **juzgar** urteilen

—Eso y nada es lo mismo —dijo Hussein con desdén. Y después de permanecer callado unos segundos añadió—: Veo que me he equivocado contigo. Creía que tenías más agallas.

Saíd no le respondió. Se levantó de la mesa y pensó que quizá había que tener más agallas para dominar la ira que para darle rienda suelta. Pero no se lo dijo a Hussein. Los dos amigos se despidieron fríamente.

—Si te lo piensas mejor, ya sabes dónde estoy —le dijo Hussein al salir—. Nosotros seguiremos adelante.

Mientras bajaba la escalera, Saíd se dijo que lo que le acababa de proponer Hussein era muy arriesgado para el proceso de integración de los inmigrantes. La aparición de un grupo violento, aunque sus acciones se limitasen a responder a las provocaciones y agresiones de los grupos racistas, podía conmocionar profundamente a la opinión pública y despertar un sentimiento de rechazo todavía mayor que el ya existente. Preocupado por esta idea, salió a la calle dudando si debía informar a SOS Racismo de las intenciones de Hussein. Quizá fuera conveniente que lo supiesen.

---

1 **el desdén** indiferencia, menosprecio – 3 **tener agallas** *coloq* ser valiente, tener valor – 6 **dar rienda suelta a uc** *loc* dar libertad a uc – 15 **conmocionar** inquietar, alterar el ánimo

8 La detención

La evolución de Ahmed era lenta. Poco a poco había ido recuperando la memoria, pero todavía tenía lagunas importantes; por ejemplo, no recordaba nada de la agresión de
5 los *skins*. Había momentos en los que no reconocía a nadie: ni a las enfermeras, ni a los médicos, ni al mismo Saíd; en otros, se quedaba absorto, como desconectado de la realidad un buen rato y, cuando volvía en sí, actuaba como si todo aquel tiempo no hubiera transcurrido. A veces, cuando por algún
10 motivo salía solo de la habitación, se perdía por los pasillos y aparecía en cualquier parte del hospital, angustiado porque no sabía volver. Sus movimientos eran lentos e inseguros, y tenía muchas dificultades para hablar. Los médicos decían que eso era normal, que la lesión había sido grave y había que tener
15 paciencia. Ana y Nuria, una chica de SOS Racismo, le visitaban a menudo y le animaban a hacer todo lo que los médicos y los fisioterapeutas le decían. De todas las incapacidades que le habían quedado, la que más preocupaba a Ahmed era la rigidez de los tres dedos rotos de la mano derecha. Decía que
20 ya no podría volver a tocar el laúd, y eso le entristecía.

También Saíd iba a verle con frecuencia, pero procuraba no coincidir con Ana. Cada vez se sentía más atraído por la muchacha y quería evitarla. Ella, sin embargo, ignorante de la lucha interior de Saíd, hacía todo lo contrario.

25 —Últimamente parece que no quieres verme —le dijo un día en que, a pesar de las precauciones de Saíd, coincidieron en el hospital.

El muchacho, cogido por sorpresa, dudó unos momentos.

—… Es que tengo mucho trabajo. Entre el restaurante y
30 las clases de catalán… Además me he apuntado al equipo de fútbol sala del barrio…

---

3 **una laguna** *aquí*: olvido, falta de memoria – 7 **absorto** ido, pensativo, concentrado –
19 **la rigidez** falta de movimiento de uc, dureza – 22 **coincidir** estar al mismo tiempo en
un lugar – 26 **una precaución** cautela, cuidado

—Está bien que hagas cosas, pero me parece muy mal que por eso dejes de ver a las amistades, sobre todo si una de esas amistades soy yo —dijo ella, sonriendo.

—También tú tendrás mucho trabajo... —objetó Saíd.

5 —Pero me gusta ver a los amigos. No hago como tú, que te encierras en la madriguera como un conejo.

Caminaron unos pasos en silencio. Saíd iba con la mirada clavada en el suelo, pensativo; temía que si la miraba a los ojos notase que lo que realmente pasaba era que cada día la quería

10 más.

—Este jueves podemos quedar —dijo Ana de pronto.

Saíd la miró con sorpresa.

—Bueno..., si no tienes ningún otro plan —añadió. No quería que pareciese que le forzaba.

15 —No..., no tengo ningún plan —dijo Saíd, sucumbiendo al placer de pasar unas horas con ella.

Los dos amigos caminaron juntos hasta la parada del autobús, y allí se despidieron. Saíd, cabizbajo y luchando con los sentimientos más opuestos, siguió calle abajo. Tenía la

20 costumbre de ir andando a los sitios. Eran momentos vacíos que aprovechaba para reflexionar. ¡Ana era tan distinta de las chicas marroquíes! Decidida, independiente, con estudios... ¡Qué poco se parecía a la chica que hasta ahora tenía como modelo de esposa! A él le habían enseñado a valorar en una

25 mujer la modestia y la sumisión. Había aprendido a mirar los ojos tras un rostro velado o inexpresivo para saber qué palpitaba en su corazón. En las muchachas marroquíes solamente hablaban los ojos, pero era un lenguaje intenso, lleno de significados, que engendraba deseo. Ése era el

30 lenguaje de Jamila, e incluso el de Fátima. En cambio, en Ana todo era distinto: franco, abierto, sencillo. En ella no sólo

---

6 **una madriguera** cueva, lugar donde viven algunos animales *aquí*: refugio – 14 **forzar a up** obligar a hacer uc – 15 **sucumbir** caer, ceder – 18 **cabizbajo** con la cabeza hacia abajo por tristeza o preocupación – 21 **reflexionar** pensar – 25 **la modestia** Bescheidenheit – 25 **la sumisión** Unterwürfigkeit – 26 **velado** oculto, tapado, cubierto – 27 **palpitar** *aquí*: sentir, manifestar apasionadamente uc – 29 **engendrar** producir, provocar

hablaban los ojos: hablaba todo su cuerpo, y prometía una dulzura extraordinaria. Pero las dudas más graves surgían cuando Saíd se imaginaba a su lado. ¿Qué hacía un chico como él, pobre, sin estudios y musulmán, al lado de una muchacha
5 como Ana, rica, universitaria y cristiana? ¿Podría dominarla? ¿Aceptaría ser dominada? Lo dudaba. Veía claramente que si se acercaba a Ana y ella le aceptaba, sería a él a quien le tocaría cambiar. Estaban en España, no en Marruecos; en España eran muy distintos la familia y el matrimonio. ¿Sería capaz de
10 cambiar los valores familiares que había tenido hasta entonces para adaptarse a los de aquí? En Marruecos, la mujer deja a sus padres para integrarse en la familia del marido, que de este modo ve reforzado su papel de dominador en la pareja. Aquí sería al revés: tendría que ser él quien se integrase en la familia
15 de ella. ¿Le aceptarían? ¿Sería capaz de soportar la igualdad de trato o incluso el dominio de ella? Sabía que podía ser un marido respetuoso, incapaz de tratar brutalmente a su mujer, como a menudo había visto en su barrio. Pero ¿podría ser un marido dócil? ¡La fuerza de Ana era tanta, que le asustaba! Y
20 otra cosa: suponiendo que llegasen a enamorarse y prometerse, ¿se acostumbraría a ver a su mujer rodeada de hombres, de entre los cuales más de uno la miraría con deseo o hasta se le insinuara? Entre musulmanes no pasaba eso: las esposas vivían encerradas en casa y sólo salían para hacer lo indispensable.
25 No había ocasión para la infidelidad ni motivos para los celos. Pero era impensable encerrar en casa a una mujer como Ana. Tendría que ser él quien cambiase y aceptase las costumbres occidentales. Y todo lo que se planteaba, ¿qué significaba a fin de cuentas? Abandonar el Islam. Sí, si se enamoraba de Ana, lo
30 primero que debía pensar era si sería capaz de abandonar su religión o, al menos, ponerla en un segundo término. Ésa era la cuestión central.

---

1 **prometer** versprechen – 2 **surgir** aparecer, manifestarse – 20 **prometerse** darse palabra de matrimonio – 23 **insinuarse a up** *coloq* mostrar atracción o deseo por up – 24 **indispensable** necesario – 25 **la infidelidad** Untreue – 25 **los celos** *pl* sospecha, inquietud de que up amada quiere a otra persona – 28 **a fin de cuentas** finalmente

Cuando llegó al restaurante donde trabajaba, Saíd procuró dejar a un lado sus preocupaciones y centrarse en lo que tenía que hacer: llenar el frigorífico de bebidas, preparar las mesas, ayudar en la cocina y atender a los primeros clientes. Pero,
5 aunque realizaba los trabajos con rapidez y seguridad, no podía dejar de formularse la pregunta a la que había llegado tras la larga caminata. Porque lo que se le planteaba no era sólo alejarse de su fe, sino también de su familia, de sus amigos, de su país, de sus raíces.
10 Él se había criado y educado dentro de las estrictas reglas islámicas; su visión de las cosas y sus valores estaban fijados por la ley del Corán. ¿Podría dejarlos de lado y sustituirlos por otros más próximos a los de Ana? No lo sabía, pero algo muy íntimo y profundo le decía que no.
15 El jueves, tal como habían quedado, Ana y Saíd salieron juntos. Él había jugado un partido en el polideportivo de la calle de Sant Pau, y se encontraron a la salida.

—¿Tienes algún plan? —preguntó Ana, animada.

Saíd había estado toda la tarde pensando a dónde podía
20 llevarla a cenar y, al final, había optado por un restaurante paquistaní de la calle del Hospital.

—¿Qué tal un restaurante paquistaní?

—¡Fantástico!

El restaurante era pequeño: sólo tenía diez mesas, todas
25 muy bien puestas, pero vacías. Al entrar, los envolvió un olor peculiar, un poco sofocante, que no tenía nada que ver con el barrio. De inmediato, los atendió un muchacho de rostro moreno y sonrisa agradable. Ana le pidió consejo ante una carta tan exótica, y el muchacho le explicó pacientemente
30 todos los platos. Después de bastantes dudas, se decidieron.

—Ha sido una idea excelente venir aquí —dijo Ana.

Saíd sonrió sin decir nada, y los dos se miraron largamente en silencio. Por un momento, Saíd estuvo tentado de

---

4 **atender** despachar, servir – 7 **una caminata** *loc* paseo largo y cansado *aquí*: viaje –
10 **criarse** crecer y desarrollarse – 25 **envolver** invadir, rodear – 26 **sofocante** que no
deja respirar, que ahoga – 29 **pacientemente** con paciencia

sincerarse, de decirle que se estaba enamorando de ella y que ese sentimiento le confundía; por eso estaba tan extraño. Pero finalmente optó por ponerse a hablar de su país, de su familia y de su infancia en Xauen. Ana comía despacio y escuchaba
5 con atención. Ya le había hablado de todo eso, pero ahora el tono era mucho más íntimo, más personal, más desgarrado; de alguna forma Saíd quería mostrarle sin ambages su origen humilde y hacerle ver a la chica la gran distancia que los separaba. En realidad, lo que buscaba Saíd con sus palabras era
10 convencerse a sí mismo, más que a Ana, de la inconveniencia de sus sentimientos hacia la muchacha. Y lo que son las cosas: todos los hechos que Saíd exponía con el propósito de poner de relieve unas diferencias sociales y culturales insalvables, despertaban en el corazón de Ana un impreciso sentimiento
15 de lástima, admiración y curiosidad que aún le avivaba más el deseo de aproximarse.

Al salir del restaurante, Ana cogió la mano de Saíd: sentía una profunda ternura por él y quería transmitírsela. Caminaron en silencio por la calle del Hospital hasta llegar a la Rambla.
20 De vez en cuando se miraban, pero no se decían nada: no hacía falta. Se había creado uno de esos momentos mágicos en los que dos personas se sienten tan identificadas que la comunicación puede prescindir del lenguaje. En la cabeza de Saíd se desarrollaba una lucha feroz de pensamientos
25 contrarios, calmada por la placentera sensación de tener cogida la cálida mano de Ana. ¡Era tan agradable! ¡Le daba tanta seguridad!

—Eh, tú, moro. Enséñanos los papeles.

La voz les llegó de atrás, ronca, desagradable. Saíd y Ana se
30 volvieron, sobresaltados, y vieron a dos individuos de unos treinta años, con vaqueros y cazadora de piel, de aspecto normal.

---

6 **desgarrado** crudo, desagradable – 7 **sin ambages** pl sin rodeos de palabras, directamente – 8 **humilde** modesto, pobre – 10 **la inconveniencia** falta de sentido o conveniencia de uc (→ inconveniente) – 12 **un propósito** objeto, intención – 12 **poner de relieve** resaltar, hacer visible uc (betonen) – 15 **avivar** animar, excitar *aquí:* hacer mayor – 23 **prescindir** renunciar a, no usar uc – 31 **una cazadora** *Esp* chaqueta

—¿Por qué tengo que enseñaros los papeles? —dijo Saíd, procurando mantener la calma, a pesar de la forma impertinente de la interpelación. En cuanto los vio, le vino a la memoria lo que Hussein le había contado de Hassan unos
5 días antes.

—Porque somos policías y te los pedimos. Así de sencillo.

—Pues enseñadme antes la placa —dijo Saíd. Estaba decidido a no facilitarles el trabajo. En cualquier caso, lo tenía todo perdido.

10 Ana le apretó la mano con fuerza, quizá para advertirle de que se estaba pasando. Los dos presuntos policías se miraron.

—Nos ha salido desconfiado el moro. O nos enseñas los papeles aquí o nos los enseñas en la comisaría. Elige.

—No tenéis ningún derecho a pedirme los papeles. Yo no he
15 hecho nada.

—A mí me la sudan tus derechos. Te pido los papeles porque me da la gana y porque me toca los huevos verte pasear por mitad de la Rambla cogido de la mano de una rubia.

Ana estaba indignada. Varios curiosos se detuvieron a
20 presenciar la escena.

—Él no me ha cogido la mano. He cogido yo la suya —intervino la muchacha, desafiante.

—Así que eres del oficio —dijo socarrón el policía.

—¡Sois unos hijos de puta! —saltó Saíd sin poder contener
25 la ira.

—Mira por dónde ya tenemos motivo para pedirte los papeles y, además, para mandarte a la sombra una temporada —y el presunto policía se metió la mano en el bolsillo de la chaqueta y sacó unas esposas.

---

7 **una placa** de policía identificación – 10 **apretar** hacer presión, presionar – 11 **presunto** supuesto – 16 **sudarla** vulg dar igual – 17 **tocar los huevos** a up vulg molestar, fastidiar – 19 **un curioso** up que tiene curiosidad – 20 **presenciar** estar presente, mirar – 22 **desafiante** que provoca a uc a luchar – 23 **el oficio** aquí: prostitución – 23 **socarrón** burlón, sacárstico – 24 **contener** controlar – 27 **la sombra** coloq cárcel – 29 **unas esposas** pl Handschellen

—¡No podéis hacer eso! ¡Si no ha hecho nada! —dijo Ana, sin dar crédito a la escena que estaba viviendo.

—Todo el mundo ha oído que nos ha insultado.

—¡Vosotros le habéis provocado!

5 —¡Venga, moro, alarga las manos o te las hacemos alargar nosotros!

Saíd comprendió que sería mejor no resistirse y alargó las manos. Las esposas se cerraron alrededor de sus muñecas, y el policía tiró de él por el brazo, Rambla abajo. Nunca se había 10 sentido tan humillado como en aquel momento.

—¡Esto es un abuso de autoridad y os denunciaré! —gritó Ana, completamente fuera de sí—. ¡Sois unos racistas de mierda! ¡Unos facha! ¡Unos cabrones! ¡Yo también quiero ir a la comisaría! ¡También os estoy insultando, cabrones!

15 Pero los presuntos policías no le hacían caso. Ana los seguía sin dejar de insultarlos y decirles que soltasen a Saíd. Cuando llegaron a la altura de un coche patrulla que estaba detenido en la plaza del Teatre, empujaron a Saíd al interior.

—Venga, sube tú también, que charlaremos un rato en 20 comisaría —dijo a Ana el policía más delgado.

Y la muchacha entró en el coche.

Los llevaron a la comisaría de la calle Nueva de la Rambla y allí les pusieron dos denuncias. A Saíd, por insultos y resistencia a la autoridad; a Ana, por insultos a la autoridad. 25 Cuando pudo telefonear a casa, Ana le explicó a su padre lo sucedido. El hombre fue inmediatamente a la comisaría y, después de hablar con un inspector, consiguió que la dejasen libre. A Saíd, en cambio, como no tenía documentación, le retuvieron.

30 Lo primero que hizo Ana al día siguiente fue ir a la oficina de SOS Racismo para denunciar el incidente y ver si se podía hacer algo por Saíd. Ella, por su parte, ya había iniciado una acción particular en contra de los dos agentes de policía, aconsejada por el abogado de la familia.

---

2 **no dar crédito** no creer, parecer uc imposible − 13 **un facha** *despect coloq* fascista −
15 **hacer caso a up** *loc* prestar atención

—Por desgracia, situaciones como ésta se producen continuamente, y nosotros no podemos hacer casi nada —dijo Nuria—. Presentar una denuncia, actuar como defensa particular cuando se imputa algún delito, dirigir una queja al
5 defensor del pueblo y al gobernador civil, pero todo bastante ineficaz.

—¿Y qué le pasará a Saíd ahora?

—Seguramente ordenarán su expulsión.

—Quieres decir que lo echarán del país.

10 —No lo creo. Últimamente no quieren gastar ni cinco en repatriaciones. Lo tendrán unos días en el centro de internamiento de la Verneda y lo soltarán. Eso sí, a partir de ahora seguramente empezará a tener problemas. Con eso de la reducción del gasto público, la tendencia de la Administración
15 es amargarles la vida a los ilegales hasta que ellos mismos se marchan, aburridos.

—Pero Saíd es un buen muchacho, tú lo sabes. Desde que llegó ha estado trabajando, no se ha metido en ningún lío. Debería tener una oportunidad para abrirse camino.

20 —Sí, pero aquí, hoy por hoy, es muy difícil que la tenga. La ley de extranjería actual es una verdadera barrera contra la corriente migratoria del sur hacia el norte existente en los últimos años. Responde a la tendencia europea de cerrar las fronteras exteriores para salvaguardar el estado del bienestar
25 frente a un mundo con graves problemas económicos y sociales. Y a España, el primer país comunitario que encuentran los emigrantes en su huida hacia el norte, le toca hacer de gendarme de Europa. De ahí la dureza de la actuación policial y la intransigencia de la Administración. Piensa que,

---

4 **imputar** responsabilizar a up de uc malo – 5 **el defensor del pueblo** autoridad del Estado que defiende los derechos de la gente – 5 **un gobernador civil** hoy subdelegados del gobierno. Autoridad política en las comunidades autónomas – 6 **ineficaz** ineficiente, sin resultados – 10 **ni cinco** *coloq* nada de dinero – 11 **una repatriación** hacer que uc vuelva a su país – 12 **la Verneda** barrio barcelonés en el distrito de San Martí – 18 **un lío** gresca, problemas – 21 **la ley de extranjería** ley que regula la entrada de extranjeros, que no pertenecen a la comunidad europea, en España – 22 **una corriente** Strömung – 24 **salvaguardar** proteger – 29 **intransigencia** intolerancia

con el sistema de renovación periódica de los permisos de trabajo y residencia, hasta inmigrantes que llevan mucho tiempo en el país y están plenamente integrados corren el riesgo de ser expulsados si se quedan sin trabajo.

5 —Es terrible. Eso tiene que producir una angustiosa sensación de precariedad.

—Afortunadamente, la mayoría no piensa en eso. Están acostumbrados a vivir siempre en la incertidumbre y resignados a sufrir las consecuencias de no saben exactamente

10 qué. Les pase lo que les pase, sobreviven. Yo, si he de serte sincera, los admiro. Aquí, en este trabajo, me entero de casos que no te puedes imaginar. Situaciones límite de desesperanza. Y en cambio son capaces de sonreír agradecidos cuando les das un consejo o les facilitas un poco las cosas.

15 —¿Admitís trabajadores voluntarios? —preguntó Ana de pronto.

—Claro, la mayoría de los que estamos aquí lo somos.

—Pues ya podéis contar con uno más.

De hecho, Saíd estuvo un mes retenido en el centro de

20 internamiento de la Verneda, y después le soltaron. En teoría tenían que repatriarlo, pero nadie quería hacerlo, y mientras las autoridades españolas y marroquíes discutían quién debía pagarle el viaje de vuelta, le dejaban en la calle para que se buscase la vida. Ahora bien, tener la orden de expulsión no le

25 eximía de ir a parar a las celdas de la Verneda cada vez que un policía le pidiese los papeles y comprobase que, además de no tenerlos, él, como expulsado, no debía estar aquí. Así, gracias a la Administración, Saíd era ahora un inmigrante doblemente ilegal que continuaba viviendo y trabajando en Barcelona con

30 la aquiescencia de las autoridades. Sabían que estaba aquí, habían decidido que no debía estar, pero le dejaban seguir. Eso sí: si lo cogían, le castigaban. Era como un juego. Un juego

---

8 **incertidumbre** falta de seguridad, precariedad − 11 **enterarse de uc** conocer, saber uc por primera vez − 25 **eximir** dispensar, librar − 25 **una celda** habitación para presos en una cárcel − 30 **la aquiescencia** consentimiento, aceptación

cruel y ridículo que ponía de manifiesto las contradicciones de un sistema incapaz de reaccionar correctamente ante un fenómeno que lo desbordaba. La situación de Saíd era una muestra evidente de hasta dónde podía llegar el absurdo de la
5 burocracia del Estado, una de esas situaciones que con tanta lucidez supo reflejar Franz Kafka y que, si piensas en ellas, pueden conducirte hasta el delirio.

Pero Saíd, que no había oído hablar nunca de Kafka ni estaba en condiciones de poner en tela de juicio el
10 comportamiento de un Estado que sólo veía representado por policías y carceleros odiosos, no se preocupó mucho por lo absurdo de su situación y, apenas estuvo en la calle, procuró recuperar la poca estabilidad que había conseguido hasta entonces. Pero las cosas habían cambiado: el dueño del
15 restaurante donde trabajaba se había buscado otro camarero, y no quiso readmitirlo. Eso significó que Saíd tuvo que volver a trabajar en el campo de sol a sol y abandonar las clases de catalán y los partidos de fútbol con los amigos del barrio. Sólo la compañía de Ana, ahora a escondidas de sus padres, que,
20 hartos de problemas, le habían rogado que no volviese a verle, le confortaba en su infortunio.

---

1 **poner de manifiesto uc** *loc* mostrar, hacer evidente uc – 3 **desbordar** sobrepasar la capacidad de up – 6 **la lucidez** claridad de pensamiento – 16 **readmitir** volver a aceptar *aquí*: darle su trabajo – 17 **de sol a sol** *loc* de la mañana a la noche – 19 **a escondidas** *loc* sin ser visto – 21 **un infortunio** mala suerte (⟷ fotuna)

9 Amenazas

Habían pasado más de tres meses desde la interposición de la querella criminal cuando la policía avisó a Ana para una rueda de identificación: habían cogido a unos *skins* por los alrededores del parque de la Ciutadella y creían que podían ser los autores de la agresión.

Ana fue a la comisaría de la Via Laietana acompañada de Nuria y de Elena, la abogada de SOS Racismo que llevaba el caso. Las hicieron pasar a una sala desmantelada en una de cuyas paredes había un cristal por el que se podía ver la sala contigua, completamente vacía. Al poco rato entraron en esta sala dos policías, seguidos de seis cabezas rapadas, encendieron unos focos bastante potentes y situaron a los detenidos frente al cristal.

—Ahora mírelos con atención y diga si reconoce a alguno —dijo el inspector Vázquez, tras apagar la luz de la sala donde estaban.

Ana se concentró para recordar los rostros de los individuos que los habían atacado. Había tres que había visto con claridad y de los que guardaba una imagen casi fotográfica. Ahora, sin embargo, nerviosa como estaba, tenía dudas. Recorrió con la mirada los rostros que tenía delante.

—No tenga prisa, señorita. Lo que sí le ruego es que esté segura.

Ana repasó las caras de los *skins*, serias, crispadas.

—El segundo de la derecha —dijo finalmente.

El inspector pulsó el botón de un interfono.

—El segundo de la derecha, que dé un paso al frente.

El detenido lo hizo, y Ana le observó. Sí, lo recordaba: aquella boca grande, las cejas casi juntas, la nariz ancha, la cabeza

---

2 **un interposición** formalización de una petición por un escrito al *juez* (Richter) − 4 **una rueda de indentificación** identificación de presos − 11 **contiguo** al lado − 13 **un foco** *de luz* lámpara potente − 27 **un interfono** aparato para comunicarse *p ej* en un edificio

rapada y las patillas que le llegaban hasta más abajo de las orejas. Pero lo que más recordaba era la mirada, una mirada desdeñosa e insolente, de perdonavidas.

—Sí. Es uno de ellos.

5 —¿Reconoce a alguno más?

—El que está a su lado también me resulta familiar.

—Que avance el tercero de la derecha.

El detenido obedeció.

—Sí, creo que también intervino.

10 —Piénselo bien, usted es el único testigo.

Ana miró al inspector Vázquez.

—También el taxista los vio —dijo.

—Pues él afirma que no —repuso el inspector—. Que no les vio las caras y que no puede identificarlos. No ha querido

15 venir.

El inspector le hizo firmar el acta de identificación y les dijo que podían marcharse. Ya en la calle, Ana manifestó su extrañeza por la actitud del taxista.

—No querrá complicarse la vida —dijo Nuria.

20 —Pero si estaba indignadísimo —insistió Ana.

—Se habrá asustado.

—O quizá lo hayan asustado —dijo Elena—. Averiguaré si le ha ocurrido algo.

Le habían quemado el taxi. Fue una noche, en el

25 aparcamiento. Lo rociaron con gasolina y lo incendiaron. Después lo llamaron y le amenazaron con matarle si abría la boca. Y tuvo miedo. ¡Era normal que tuviese miedo de aquellos psicópatas!

—Pero la única forma de detenerlos es plantarles cara

30 —insistió Elena.

---

1 **las patillas** Koteletten – 3 **desdeñoso** que muestra indiferencia (→ desdén) – 3 **insolente** desvergonzado, orgulloso, descarado – 3 **un perdonavidas** *coloq* up que presume de lo que no es *p ej* valiente – 13 **reponer** replicar, responder, contradecir – 25 **rociar** repartir, extender uc en pequeñas cantidades – 25 **incendiar** quemar, prender fuego

—Mire, señorita, yo no soy un héroe. Aquella noche hice lo que hice, y me ha costado muy caro. No quiero saber nada más de este asunto.

—Pero le gustaría que fuesen a la cárcel, ¿verdad?

5 —Claro que me gustaría.

—Entonces, identifíquelos. Podemos pedir protección policial...

—No, lo siento. No insista. Sólo hace un año que estoy casado, mi mujer espera un hijo y quiero conocerlo.

10 —Con su declaración puede contribuir a hacer un poco mejor el mundo que su hijo se encontrará —dijo Elena, intentando tocarle alguna fibra sensible —. A él le gustaría.

—Mire, señorita, lo que más le gustará a mi hijo es no quedarse huérfano. Lo siento, pero no voy a declarar. Y si me 15 cita como testigo pienso decir que no los vi bien, y no los reconoceré.

A los pocos días de acudir a la rueda de identificación, Ana recibió la primera amenaza telefónica. «Te estás buscando una paliza que te va a hacer olvidar hasta tu nombre, puta.» Y 20 colgaron. Fue por la noche. Estaban todos en casa y no pudo disimular su espanto.

—Ya te advertí que quizá estabas yendo demasiado lejos en este asunto —le dijo su padre, preocupado.

Su madre, pálida como la cera, no dijo nada.

25 —¿Qué piensas hacer ahora? —le preguntó el padre.

—Hablar con la abogada. Ella sabrá qué hacer.

—¿Piensas mantener tu declaración?

—Sí. La mantendré.

---

10 **una declaración** explicación de uc que otros dudan o no saben – 12 **una fibra sensible** *loc* punto débil – 14 **un huérfano** up que no tiene padre y/o madre – 14 **declarar** decir lo que se sabe en un juicio – 20 **colgar** *aquí*: cortar la llamada de teléfono – 24 **pálido** sin color, blanco

El padre no insistió, pero aquella noche mordisqueó la pipa mucho más que de costumbre.

Elena puso una denuncia por amenazas y pidió protección policial para su representada.

5 —¿Qué quiere, que la vigilemos hasta que se celebre el juicio dentro de un año o dos, como poco? Es imposible, no tenemos agentes suficientes para eso —dijo el inspector Vázquez.

—Pero usted sabe que las amenazas de esta gente no son gratuitas. Está el precedente del taxista…

10 —Pues que no salga de casa sola, que la acompañe siempre alguien, la familia, los amigos, no sé, alguien de su organización…

—Es la policía quien tiene la obligación de protegerla, no la familia ni los amigos, y menos aún SOS Racismo —insistió

15 Elena.

—La policía tiene muchas obligaciones y no puede atender a todas, señorita.

—No puede o no quiere.

—¿Qué quiere decir? —dijo el inspector, poniéndose a la

20 defensiva.

—Que quizá hay en este departamento alguien al que le vendría bien el silencio de mi testigo. ¿Cómo se han enterado los *skins* del teléfono de la muchacha? Sólo la policía y el juzgado disponen de esa información.

25 —Lo que está insinuando es muy grave, y prefiero no darme por enterado.

—Toda esta situación es muy grave, y usted no se da cuenta. No se trata únicamente de un caso de agresión xenófoba, lo que está en tela de juicio es también la eficacia del Estado

30 para controlar una violencia social cada vez más extendida y tolerada.

—No sé adonde quiere ir a parar.

---

1 **mordisquear** abkauen – 1 **una pipa** objeto, normalmente de madera, para fumar – 19 **ponerse a la defensiva** estar en actitud desconfiada por miedo – 25 **darse por enterado** estar avisado

—Si los autores de la agresión quedan libres porque consiguen intimidar a los testigos, y eso lo sabrá la opinión pública, pues ya nos encargaremos nosotros de que lo sepa, ¿qué confianza pueden tener los ciudadanos en sus cuerpos de seguridad? ¿Qué seguridad es ésta? De ahí al imperio de la mafia hay un paso.

El inspector Vázquez permaneció en silencio unos instantes.

—De acuerdo. Pondré vigilancia a su testigo e iniciaremos una investigación. Pero si no pasa nada en un par de semanas, tendremos que dejarlo. No puedo hacer nada más.

Y no pasó nada. Mientras el teléfono de Ana estuvo intervenido no hubo ninguna llamada de amenaza. Pero volvieron a producirse en cuanto desaparecieron las escuchas.

«Rubia, hagas lo que hagas, no llegarás a declarar. Lo sabes, ¿verdad? Ah, y ya puedes decirles a tus amigos marroquíes que si vuelven a tocar a un blanco no dejaremos ni uno vivo.»

Unos días antes, un grupo de marroquíes había apaleado al portero de una discoteca porque no quería dejarles pasar. Al parecer, el portero en cuestión se ganó la tunda por su larga y manifiesta hostilidad a las pieles que no eran suficientemente blancas. Pero la acción cogió por sorpresa, y algunos periódicos la presentaron como un claro acto de represalia de los inmigrantes marroquíes por las continuas agresiones racistas. «Si no se frena pronto la violencia, puede estallar una verdadera guerra racial en las calles de Barcelona», decía en un tono preocupado e insidioso el periodista que firmaba una de las crónicas.

La reacción no se hizo esperar y, unos días después, algunos vecinos de los barrios donde había más inmigración, alarmados, se manifestaron por las calles para pedir mayor presencia policial y más control.

---

12 *teléfono* **intervenido** cuyas llamadas son controladas por un tercero – 19 **una tunda** paliza (Prügel) – 24 **estallar** explotar – 26 **insidioso** malicioso o dañino sin parecerlo

Eso decidió a Saíd a hablar con Nuria, de SOS Racismo, y ponerla al corriente de la propuesta que le había hecho Hussein unas semanas antes.

—Deberías habérnoslo dicho enseguida —le recriminó la
5 joven—. No sabes el daño que el incidente de la discoteca os ha hecho ante la opinión pública.

Aquella misma tarde, tres miembros de la organización antirracista fueron a visitar a Hussein; querían saber si efectivamente se había formado un grupo de acción entre los
10 marroquíes y, en caso de que fuera cierto, intentar convencerlo de que debían disolverlo.

—Estamos hartos de soportar humillaciones y agresiones continuas, y hemos dicho basta —admitió Hussein.

—Pero esa actitud os perjudica más todavía. ¿No te das
15 cuenta?

—¿Y qué debemos hacer, soportar pacientemente que nos maltraten? Tomad, leed —y Hussein les tendió unas cuantas hojas fotocopiadas y grapadas—. Palizas, detenciones ilegales, extorsiones, asesinatos, pisos incendiados, expulsiones; aquí
20 encontraréis de todo. Éstos son nuestros argumentos, nuestra razón.

Lo que Hussein les entregó era una relación de los hechos racistas aparecidos en la prensa barcelonesa durante todo el año. Al final de la larga lista se hacía una valoración de la
25 ineficacia y, a menudo, complicidad de las autoridades en las acciones racistas y se pedía a los inmigrantes actitudes más decididas a fin de hacerse oír y respetar.

—Estos hechos son lamentables; por eso nosotros luchamos a vuestro lado con todos los medios legales que tenemos a
30 nuestro alcance, pero si la línea que queréis seguir es la del ojo por ojo, por mucho que nos duela seremos los primeros en denunciaros. No podemos permitir que pongáis en peligro nuestra labor de todos estos años.

---

4 **recriminar** echar en cara (vorwerfen) – 14 **perjudicar** hacer daño – 17 **maltratar** misshandeln – 18 **grapado** angeheftet – 19 **una extorsión** presión por amenazas para que up haga uc – 22 **una relación** *aquí*: lista de uc – 33 **una labor** trabajo

Hussein miró a los tres miembros de SOS Racismo con arrogancia.

—Largaos de mi casa.

—Piénsalo bien —insistió Nuria.

5 —¡Fuera! —gritó Hussein, en uno de esos accesos de ira que lo hacían peligroso.

Los tres miembros de SOS Racismo se levantaron de los cojines y se dirigieron a la puerta. Hussein iba detrás, casi empujándolos.

10 —¡Y decidle al cerdo de Saíd que es un chivato asqueroso! —bramó cuando ya estaban en la escalera. Y furioso, cerró con un portazo que hizo temblar la baranda.

Ana llegó al coche al aparcamiento y abrió la puerta con el mando a distancia. Descendió por la rampa y ocupó su plaza.

15 Eran casi las tres de la tarde. Recogió los libros de encima del asiento contiguo y bajó del coche. Entonces, de detrás de un pilar salió un individuo. Ana le vio y se sobresaltó. El individuo tenía la cabeza rapada y la cara llena de granos. Ana echó a correr hacia el ascensor, pero el *skin* le cortó el paso.

20 —¿Tienes prisa, guapa?

Ana se puso a gritar. El cabeza rapada se abalanzó sobre ella y le tapó la boca.

—¡Calla, mala puta! ¡Calla o te mato!

Ana calló. Estaba aterrorizada.

25 —Mira, escucha bien lo que te voy a decir porque será el último aviso. Mañana irás a la policía, al juzgado o a donde cojones sea, y les dirás que no estás segura de las

---

3 **largarse** *coloq* a up: irse de un lugar rápidamente – 10 **un chivato** up que cuenta un secreto a up (Petzer) – 11 **bramar** *un animal aquí*: gritar – 12 **dar un portazo** cerrar la puerta con violencia – 12 **una baranda** barra de *p ej* metal a un lado de la escalera para sujetarse – 14 **un mando a distancia** aparato para abrir o cerrar uc desde lejos – 17 **un pilar** columna que sostiene un edificio (Stützpfeiler) – 18 **un grano** Pickel – 19 **un ascensor** aparato para transpotar uc o up en los edificios – 27 **cojones** *Esp pl interj* expresa enfado

identificaciones que has hecho. ¿Has entendido? Que tienes dudas, dudas que no te dejan dormir en paz. ¿Has entendido?

Ana asintió con la cabeza. El *skin* la tenía arrinconada contra la puerta del ascensor, con la cara a dos dedos de la suya. Cada
5 vez que abría la boca para hablar le lanzaba una vaharada de cebolla que le removía el estómago. De pronto, se oyó el clac de la cerradura automática de la puerta del aparcamiento. El *skin* hizo bajar el ascensor; cuando llegó, apartó a Ana de un manotazo y entró en él.

10 —Recuerda bien lo que te he dicho. Es la última advertencia, si no… —y el *skin* hizo un gesto significativo con el pulgar de la mano derecha alrededor del cuello.

La puerta del ascensor se cerró en el preciso momento en que un coche empezaba a bajar por la rampa del aparcamiento.

15 Ana se quedó en el suelo, junto al ascensor. Bien por la impresión o bien por el asco que le había dado el tufo a cebolla, vomitó. Cuando pudo levantarse llevaba la chaqueta sucia y le temblaban las piernas. Pulsó el botón del ascensor, pero el ascensor no bajó. Y en aquel deplorable estado la encontró el
20 vecino que acababa de entrar en el aparcamiento.

—¡Dios mío! ¿Qué te ha pasado, muchacha? ¿Quieres que te acompañe a casa?

Ana asintió con la cabeza y estalló en sollozos. Estaba tan conmocionada, que apenas supo responder a las preguntas de
25 sus padres. ¿Qué le había ocurrido? ¿Quién la había atacado? ¿Cómo era? ¿Qué le había hecho? ¿Qué le había dicho? ¿La había violado? Todas las preguntas típicas de un incidente como aquél cayeron sobre ella. Y Ana se ahogaba, no podía respirar. Su padre le dio un calmante para que se serenara, y
30 entonces pudo dar una explicación coherente del ataque del *skin*. Inmediatamente, el padre llamó a la policía y a Elena, la abogada de SOS Racismo. Una hora después, mientras

---

3 **asentir** decir que sí – 3 **arrinconado** avanzar hasta no dejar retroceder a up
(→ rincón) – 5 **una vahada** aliento, *vaho* (→ Dampf) – 11 **un** *dedo* **pulgar** dedo gordo –
16 **el tufo** *coloq* mal olor – 17 **vomitar** devolver, echar violentamente el contenido del
estómago – 19 **deplorable** desastroso, horrible

Ana dormía bajo los efectos del sedante, su padre, Elena y el inspector Vázquez analizaron la situación.

—Creo que lo mejor sería que la chica se fuese de Barcelona unos cuantos meses —dijo el inspector Vázquez—. ¿No tienen ninguna casa fuera, algún familiar o amigo que viva en otra ciudad?

—Pero no puede dejar el curso ahora, cuando sólo faltan dos meses para terminar —objetó su padre.

—Más vale perder un curso que perder la vida —dijo el inspector, lacónico.

—Para ser sincera, inspector, tengo que decirle que considero una desfachatez plantear las cosas de esa forma —intervino Elena—. Creo que lo único que pretende es quitarse trabajo de encima. Es obligación suya cuidar de que a la testigo no le ocurra nada hasta el día del juicio…

El inspector hizo un gesto de enojo.

—Ya le dije que no puedo tenerla bajo protección un año o dos. Consiga usted que el juicio se celebre antes de tres meses, y yo le garantizo la protección; en caso contrario, no puedo hacer nada. No tengo hombres suficientes, y mis superiores no me lo permitirían.

—Eso es ridículo. Usted sabe perfectamente que no puedo hacer nada para acelerar el proceso —se quejó Elena.

—Hagamos una cosa —intervino el padre de Ana—; escojamos una solución intermedia. Que la policía vigile a mi hija hasta que termine el curso y, después, nosotros nos iremos de Barcelona. Tenemos una casa en…

—¡No lo diga! —saltó Elena.

El inspector Vázquez la miró entre sorprendido y molesto.

—Perdone la desconfianza, inspector, pero ya le manifesté mis sospechas. Si los *skins* saben el teléfono y la dirección de Ana es porque alguien se lo ha dicho, y ese «alguien» puede estar en su departamento.

---

1 **un sedante** medicamento que tranquiliza y da sueño – 12 **una desfachatez** descaro, desvergüenza – 16 **el enojo** enfado – 25 **intermedio** que está entre dos extremos

—O puedo ser yo mismo, ¿verdad? —dijo el inspector, francamente enojado.

—¿Por qué no?

—Pues si tanto desconfía de nosotros, no sé por qué nos pide
5 protección —saltó el inspector, levantándose—. Cualquiera de los hombres que ponga a vigilar a la chica puede ser el traidor. ¿No lo ha pensado?

—Claro que lo he pensado. Pero creo que sería muy arriesgado para el traidor, como usted le llama, que le pasase
10 algo a Ana estando bajo su vigilancia. Por otro lado, supongo que usted, sabiendo que puede haber filtraciones en su departamento, tomará las medidas oportunas para asegurarse de que no le ocurra nada y encomendará la vigilancia a agentes de su entera confianza.

15 —Hombre, gracias. Parece que de mí no desconfía.

—Ha sido usted y no yo quien ha planteado la posibilidad.

—Por favor, déjense de disputas ahora —intervino el padre de Ana—. ¿Qué le parece la solución que he propuesto, inspector?

20 —Razonable. Hoy mismo mandaré dos hombres para que acompañen a su hija a donde vaya y daré las órdenes oportunas para que vuelvan a intervenir el teléfono. Además, iniciaré una investigación interna para averiguar si ha salido de mi departamento la información que ha conducido a los
25 *skins* hasta aquí, como afirma la abogada.

—Yo no afirmo que la información haya salido de su departamento, inspector —quiso matizar Elena—; simplemente lo apunto como una posibilidad razonable. ¿No le parece?

30 El inspector Vázquez no le respondió. Aquella mujer le sacaba de quicio. Se excusó diciendo que tenía que volver a la comisaría y se marchó.

---

6 **un traidor** Verräter – 13 **encomendar** encargar a up que haga uc – 27 **matizar** precisar – 31 **sacar de quicio a up** *loc* molestar, poner nervioso

—¿Crees de verdad que puede ser alguien de la policía el que ha facilitado nuestra dirección a los *skins*? —preguntó el padre de Ana a Elena cuando se quedaron solos. El hombre estaba francamente preocupado.

5 —Sí, lo creo. La actitud de la policía hacia los inmigrantes no es muy comprensiva que digamos. Para los policías, todos son delincuentes o posibles delincuentes. Por otro lado, dentro del cuerpo hay gente de las más diversas ideologías, pues no son muy selectivos en este aspecto. Más de un policía o guardia 10 civil ha estado vinculado a grupos neonazis y ha tenido que ver con actos de racismo. Recuerde el asesinato de aquella chica dominicana en Madrid. El autor material de los hechos resultó ser un guardia civil. Y nuestro departamento de denuncias recibe constantemente quejas del trato desconsiderado, y 15 hasta brutal, de la policía.

—¡Dios mío! ¡Quién le mandaría meterse en este lío! —exclamó la madre de Ana.

El padre vació la pipa en el cenicero, la limpió soplando y se levantó del sofá.

20 —Voy a ver cómo está.

En su habitación, Ana dormía profundamente. Su padre la contempló. La respiración era acompasada, el rostro sereno. Y, pese a la preocupación del momento, el padre se sintió satisfecho y orgulloso de aquella personilla, en buena medida 25 obra suya, que acababa de irrumpir en el mundo de los adultos con tanta fuerza y tanto valor.

---

6 **comprensivo** tolerante – 7 **un delincuente** up que comete un delito – 12 **un autor material** up que hace directamente uc – 14 **desconsiderado** rücksichtslos – 18 **un cenicero** recipiente para los restos de cigarrillo – 22 **acompasado** rítmico, tranquilo – 25 **irrumpir** entrar violentamente en un lugar

10 Doble vigilancia

Cuando Saíd supo por Nuria lo que le había ocurrido a Ana se preocupó y, aunque suponía que a sus padres no les haría ninguna gracia, la llamó a casa. La muchacha estaba confusa y 5 abatida. Se rebelaba contra la sensación de miedo que se había apoderado de ella, y eso le creaba una inquietud constante. Quería continuar haciendo su vida normal, como si no pasase nada, pero la constante presencia de los policías a su lado le recordaba el peligro que corría, y entonces se desmoronaba.

10 —Me gustaría verte —le dijo Saíd en un momento de la conversación.

—No, ahora no. Los policías me siguen a todas partes, y mis padres se enterarían. Deja pasar unos días. Ya encontraremos el momento.

15 La imposibilidad de ver a Ana angustió a Saíd. Pensó que, quizá, las dificultades comenzaban a debilitar su amor o, al menos, la llevaban a dudar de la conveniencia de aquella relación. Le angustiaba pensar que ella estuviese haciendo ahora algo que él había hecho poco tiempo antes. «Al corazón 20 no hay quien lo entienda», pensó. Quería hacer algo para ayudarla, para sentirse de alguna forma cerca de ella, pero no sabía qué. Elena le brindó una oportunidad cuando le comentó que, a pesar de la vigilancia policial, tenía miedo de que le ocurriese algo. Después de hacer algunas averiguaciones en el 25 juzgado a través de un amigo suyo, estaba convencida de que la filtración de información se producía en la policía. Además, le había llegado el rumor de que, dada la resonancia que había tenido en la prensa el ataque al único testigo del caso Ahmed, el juez había decidido adelantar la vista.

---

5 **rebelarse** resistir, oponerse a uc – 5 **apoderarse de up** invadir (überwältigen) – 6 **crear** producir, *aquí:* dar – 9 **desmoronarse** venirse abajo, sufrir up un estado de tristeza y abatimiento – 22 **brindar** *la oportunidad* ofrecer, dar – 27 **un rumor** noticia sin confirmar que corre entre la gente – 29 **una vista** Gerichtsverhandlung

Al salir del local de SOS Racismo, Saíd se dirigió a casa de Hussein. Sabía que el encuentro no sería agradable, que su antiguo amigo le recibiría de mala manera, pero estaba decidido a aguantar lo que fuese, a suplicarle si era preciso,
5 con tal de conseguir lo que quería.

Saíd encontró a Hussein, en compañía de Fátima, en la calle del Hospital. Caminaban sonrientes y parecían felices. Quizá había cambiado realmente Hussein. Al menos, por aquellos ojos y aquella sonrisa, él sí cambiaría. Cuando Hussein le vio
10 aproximarse, endureció el rostro. Pero Saíd no hizo caso.

—Hola, Hussein. ¿Cómo estás, Fátima?

Hussein no contestó. La muchacha le devolvió el saludo con un hilo de voz. Como la situación era tensa, Saíd le planteó el asunto sin rodeos.

15 —He venido a verte porque quiero pedirte un favor.

Hussein le miró con cara de pocos amigos, pero no pudo evitar un pequeño gesto de sorpresa. Que Saíd pensara pedirle un favor era lo último que podía esperar.

—Quiero que me escuches antes de mandarme al cuerno.
20 Es muy importante para mí, y creo que también para todos nosotros.

A Hussein comenzaba a picarle la curiosidad. ¿Qué podía querer Saíd para tragarse el orgullo y dejar a un lado la antipatía surgida entre ellos dos?

25 —¿Entramos aquí? —propuso Saíd, indicando el bar ante el que se habían detenido.

—Vete a casa, Fátima —dijo Hussein por toda respuesta—. No tardaré.

Los dos jóvenes entraron en el bar y se sentaron en una
30 mesa. Saíd pidió una *coca-cola*, y Hussein una cerveza.

—Supongo que tus amigos de SOS Racismo te dieron mi recado —dijo Hussein.

---

19 **mandar a up al cuerno** *loc coloq* mostrar rechazo por lo que dice o hace up –
22 **picar la curiosidad** sentir la necesidad de saber uc – 24 **la antipatía** ≠ simpatía –
32 **un recado** mensaje

—Sí, me lo dieron.

—Entonces debe de ser muy importante el favor.

—Lo es.

Hussein tomó un sorbo de cerveza y se lamió la espuma de
5 los labios.

—Sólo por curiosidad, ¿de qué se trata?

—Quiero que vigiles a Ana un par de meses, hasta que se
marche de Barcelona.

Hussein permaneció unos instantes serio; luego abrió la
10 boca en una sonrisa.

—¡Vaya, vaya! Quieres que vigile a Ana. ¿No tienes miedo de
que te la quite?

Saíd aguantó la mirada socarrona de Hussein. No, no había
cambiado mucho.

15 —Los *skins* la han amenazado y el otro día la asaltaron en el
aparcamiento de su casa. No quieren que declare en el juicio.
De momento se han limitado a intimidarla, pero me temo
que cuando sepan que el juicio puede adelantarse sean más
expeditivos.

20 —¿Y por qué no la vigila la policía? —preguntó Hussein.

—Ya lo hace. Pero hay razones para sospechar que la
vigilancia de la policía puede no ser suficiente.

—Y quieres que mi grupo y yo nos encarguemos de velar por
ella —dijo Hussein.

25 Después de un breve silencio, Hussein esbozó esa sonrisa
tan cínica que le caracterizaba.

—¡Sí que estás enamorado!

—No es eso —dijo Saíd, serio. No le gustaba la forma en que
Hussein solía hablar del amor. Era como si el amor se ensuciase
30 en su boca.

—Vamos, Saíd, que no me chupo el dedo. Estás colgado
de esa tía. Y no te conviene. Las mujeres de aquí no nos

---

4 **lamer** pasar la lengua – 15 **asaltar** atacar por sorpresa (überfallen) – 19 **expeditivo**
eficaz – 23 **velar por** cuidar de – 25 **esbozar** insinuar, mostrar levemente un gesto
(andeuten) – 31 **no chuparse el dedo** *coloq* no ser tonto – 31 **estar colgado por up** *coloq*
estar enamorado

convienen. No puedes fiarte de ellas —y en tono de suficiencia añadió—. No te puedes imaginar la cantidad de tías casadas o con novio que me he trajinado.

—Bueno. No es sólo eso... —admitió finalmente Saíd.

5 —Ahora nos vamos a entender.

—Creo que es muy importante para todos nosotros que se celebre el juicio y que condenen a los agresores. Y ella es el único testigo que puede declarar mientras Ahmed continúe sin recordar nada de lo que pasó.

10 —Y tú —dijo Hussein.

Saíd le miró. Sí, tenía razón, también él podía declarar. Aunque eso significase su expulsión. Pero ¿qué iba a perder realmente cuando en teoría ya le habían expulsado? Nada. Que hiciesen la expulsión efectiva. ¿Y qué? Si no cambiaba su

15 situación, un día u otro le mandarían a Marruecos. Por tanto, poco importaba que fuera antes o después.

—¿Qué te pasa? ¿Te has quedado mudo? —le interrumpió Hussein.

—Estaba pensando que tienes razón. Que yo también puedo

20 declarar.

—La pega es que si declaras, te echan.

—Sí, y más ahora que tengo una orden de expulsión encima.

—¿Te pescó la policía?

Saíd le explicó a Hussein lo que le había pasado en la Rambla

25 y su estancia en el centro de internamiento de la Verneda.

—Son unos hijos de puta. Juegan con nosotros como el gato con el ratón. Nos dejan hacer porque saben que pueden echarnos cuando quieran. Y entre tanto perdemos la salud haciendo trabajos de esclavo. ¿No lo sabes? A Hassan están a

30 punto de quitarle un riñón. Dejó la construcción para ir a un matadero con contrato, pero no ha podido resistir. Trabajaban doce y catorce horas colgando canales en la cadena de

---

1 **fiarse de up** confiar en up – 17 **mudo** que no puede hablar – 21 **una pega** dificultad, el problema – 23 **pescar a up** *coloq* coger, atrapar – 30 **un riñón** Niere – 31 **un matadero** lugar donde se mata y se prepara la carne para la venta – 32 **una canal** animal abierto y sin tripas

descuartizamiento, prácticamente sin descanso. No había ni un solo español haciendo aquel maldito trabajo; eran todos magrebíes. Por lo visto, ya tenía el riñón delicado y no lo sabía, y el esfuerzo se lo ha terminado de joder. ¡Ya me dirás qué va
5 a hacer ahora! Un trabajo tranquilo. Pero un marroquí que no sabe ni leer ni escribir, ¿qué trabajo tranquilo puede encontrar? Lo tiene mal, a no ser que se dedique a hacer de camello…

En el curso de la conversación, la animosidad de Hussein se fue moderando. Al fin y al cabo habían sido buenos amigos.
10 —¿Quieres hacerme ese favor? —insistió Saíd.

Hussein clavó la mirada en la de su amigo. Era como si buscase en ella la respuesta. Saíd se la aguantó. Tranquilo, sereno. Hussein sonrió.

—No cambiarás nunca. Siempre pidiendo favores para los
15 demás. De acuerdo. Montaré un servicio de vigilancia para tu chica. Pero ella tiene que colaborar. No somos bastantes ni tenemos medios suficientes para andar siguiéndola todo el día.

—De acuerdo. Le hablaré.
20 —Y eso costará dinero. ¿Quién lo va a pagar?

—No te preocupes. Ya encontraré la manera.

—Bien, habla con ella. Si está de acuerdo en que la vigilemos, dale este número de teléfono —Hussein apuntó un teléfono en un papel—. Ahí tendrá que llamar cada vez que haga una
25 salida fuera de la rutina habitual y quiera protección. Después, me llamas tú para darme su dirección y su horario cotidiano. Dile que, para facilitarnos las cosas, procure ser constante en sus movimientos. Piensa que tenemos que actuar con mucha discreción. Si nos descubre la policía estamos listos.
30 Saíd alargó la mano y apretó con afecto el brazo de su amigo por encima de la mesa.

—Gracias. Que Alá te lo pague.

---

1 **descuartizamiento** división de uc *p ej* un animal en partes – 4 **joder** fastidiar, destrozar – 7 **un camello** *aquí*: up que vende droga – 8 **la animosidad** ≠ hostilidad (→ ánimo) – 15 **montar** organizar

—No, amigo, no. Tendrás que pagármelo tú, la chica o quien sea —dijo Hussein, sonriendo.

A Saíd le costó trabajo ponerse en contacto con Ana: la seguían a todas partes dos policías. Cuando lo consiguió y
5 pudo hablar con ella, la muchacha se negó a aquella doble vigilancia.

—Ya tengo bastante con esos dos gorilas que no me quitan la vista de encima.

—Pero ya sabes que Elena desconfía de la policía, y creo que
10 con razón. Es una precaución que no te va a molestar nada. Ni siquiera verás a los hombres de Hussein.

—No. Me parece una exageración.

—Vamos, hazlo por mí. Será una manera de estar cerca de ti. Además, no soportaría que te sucediese algo por culpa mía.

15 —¡Pero qué manía! Si tú no tienes ninguna culpa de todo esto.

Finalmente, Ana accedió. Sólo iba a durar un par de meses y, como estaba al final del curso, pensaba pasarse la mayor parte del tiempo en casa, estudiando. ¿Qué más daba que en lugar
20 de cuatro fuesen ocho los ojos que la vigilaban? En realidad, también estaría más tranquila.

Los rumores que le habían llegado a la abogada se confirmaron. Las particulares circunstancias que rodeaban el caso llevaron al juez a adelantar la vista, que quedó fijada para
25 finales de julio, siete meses después de la agresión a Ahmed.

Con la identificación de Ana, la policía sólo pudo detener a dos de los cinco *skins* que participaron en la agresión, aunque

---

7 **un gorila** *aquí*: guardaespalda, up que protege a up – 17 **acceder** dejar hacer lo que up quiere o pide – 23 **particular** especial

sabía quiénes podían ser los otros. Si el taxista hubiese querido colaborar, posiblemente habrían podido inculpar a alguno más, pero con su silencio quedarían tres al margen del juicio, a no ser que sus compañeros detenidos los delatasen, cosa que
5 hasta el momento no habían hecho.

Además de la acusación de intento de asesinato que había presentado SOS Racismo, los dos *skins* tenían que hacer frente a otra de intento de homicidio, presentada por el ministerio fiscal. Era evidente que la acusación contra aquellos dos
10 criminales se apoyaba básicamente en el testimonio de Ana. Ahmed, que ya había salido del hospital, por más esfuerzos que hacía, no conseguía recordar nada de la noche de los hechos. Hasta lo llevaron a identificar a los detenidos, pero no los reconoció.

15 Como Ahmed no podía valerse aún por sí mismo, vivía en casa de Taíb, y Sonia, su compañera, le cuidaba. Saíd le había regalado un laúd, y Ahmed se pasaba las horas intentando arrancarle al instrumento los armoniosos sonidos de antes, pero no lo conseguía y se desesperaba.

20 —Debes tener paciencia, Ahmed —le decía Saíd—. Si casi has tenido que aprender a caminar y a hablar de nuevo, es normal que ahora tengas que aprender a tocar el laúd. Pero lo conseguirás, ya verás como lo consigues. De hecho, cada día lo haces mejor.

25 —¿Tú crees?

—Claro que sí. Pronto volveremos a formar el grupo.

Eso animaba a Ahmed, que cogía el laúd y probaba de nuevo acordes y arpegios.

2 **inculpar** beschuldigen – 3 **al margen** a un lado, fuera de uc – 6 **una acusación** Anklage – 8 **un homicidio** asesinato – 8 **Ministerio fiscal** tiene la función de que el proceso judicial se realice bajo la ley – 10 **un testimonio** Bezeugung – 15 **valerse por sí mismo** poder cuidarse sin ayuda de up

En cuanto llegó, al inspector Vázquez le pasaron un aviso de los agentes que vigilaban a Ana en el que comunicaban que su coche había tenido una avería antes de entrar en la autopista, y se habían visto obligados a detenerse en un
5 taller. La muchacha iba, como todos los días, a la facultad de Periodismo de Bellaterra.

—¿A qué hora ha llegado el aviso?

—Hacia las ocho y media.

El inspector miró el reloj. Eran las nueve y media. Desde que
10 salía con aquella mulata se le pegaban las sábanas.

—¿Habéis mandado alguien a Bellaterra?

—No. Estábamos esperando que llegase usted.

—Bien. Pues comunícate con los de la avería y que te digan si todavía tienen para mucho. Si te dicen que sí, mandaremos
15 una pareja a Bellaterra. ¿Quién hay libre?

—Ortega y... nadie más. Los demás están de servicio.

—¿Y Rambo?

—Está de baja.

—No sé cómo se lo monta ese pájaro para estar siempre de
20 baja. Averigua qué le pasa ahora.

Hussein vio llegar el coche de Ana sin su séquito y se extrañó. ¿Qué les habría pasado a los polis? ¿Se habían dormido? La muchacha aparcó el coche y bajó. Hussein dudó un momento, pero bajó también y la siguió. Normalmente, la vigilaba a más
25 distancia; mientras veía a los dos polis cerca de ella, sabía que no le podía pasar nada. Él y sus hombres sólo tenían que acercarse cuando la vigilancia oficial se despistaba, como en aquel momento.

---

3 **una avería** Panne – 6 *Campus* de **Bellaterra** perteneciente a la Universidad Autónoma de Barcelona – 10 **pegárse las sábanas a up** *loc coloq* dormirse – 19 **montárselo** *Esp loc coloq* organizarse, arreglárselas – 19 **un pájaro** *coloq* up listo o con malas intenciones – 21 **un séquito** personas que acompañan a up – 27 **despistarse** perderse, desorientarse

Mientras pasaba por entre los coches aparcados, Hussein vio que un Opel negro se acercaba a Ana por detrás, y tuvo un presentimiento. El Opel adelantó a la muchacha y se detuvo. Se abrieron bruscamente las dos puertas laterales y salieron dos
5 cabezas rapadas. Hussein echó a correr hacia la muchacha. Ana reaccionó con rapidez y se apartó del Opel, metiéndose entre los coches aparcados. Los *skins* la siguieron. La muchacha pedía ayuda, pero los estudiantes, sorprendidos por la escena, no reaccionaban. La persecución fue breve. Hussein llegó justo
10 cuando uno de los *skins* la agarraba por un brazo y se disponía a golpearla. El marroquí detuvo el golpe del *skin* y, de un empujón, lo lanzó sobre el capó de un Peugeot rojo.

—¡Cuidado! —oyó que gritaba Ana.

Se volvió a tiempo para ver la cara redonda y crispada
15 del otro cabeza rapada, que se le echaba encima. No pudo esquivarlo y sintió un pinchazo en el vientre. Se encogió y, entonces, vio el cuchillo en la mano, un cuchillo grande, de montaña, ensangrentado. El brazo que lo empuñaba retrocedió para coger impulso y subir con violencia. El cuchillo se clavó
20 en el pecho de Hussein, que cayó de rodillas.

—¡Por favor, haced algo! ¡Lo están matando! —gritó Ana, mientras se apartaba del lugar de la pelea.

Algunos estudiantes corrieron hacia los *skins*.

—¡Llamad a la policía! —dijo alguien.
25 Los dos *skins* retrocedieron hacia el coche. Su actitud amenazadora y el cuchillo ensangrentado mantuvieron a distancia a los estudiantes, que los increpaban.

—¡Vamos a cerrarles el paso! —gritó un estudiante.

Pero no llegaron a tiempo. Cuando los dos *skins* entraron
30 en el coche, el conductor pisó el acelerador, y el Opel salió disparado. Varios estudiantes tuvieron que apartarse para no ser arrollados.

---

3 **un presentimiento** sensación de que uc va a pasar – 3 **adelantar** überholen – 12 **un empujón** → empujar – 16 **un pinchazo** Stich – 16 **un vientre** barriga – 18 **empuñar** sujetar uc con el puño – 20 **de rodillas** *loc* kniefällig – 27 **increpar** insultar – 30 **un acelerador** pedal para aumentar la velociadad

—¡Coged la matrícula! —gritó una chica.

A los pocos segundos, el Opel negro había desaparecido. Detrás dejó gritos de rabia, turbación y un hombre en medio de una mancha de sangre que aumentaba más y más.

5 Hussein debió de morir casi instantáneamente al recibir la segunda cuchillada, que le atravesó el corazón. Cuando llegó la policía, lo único que pudo hacer por él fue avisar al médico forense. Ana identificó al magrebí, y los agentes tomaron declaración a varios estudiantes. Algunos habían apuntado 10 el número de la matrícula del Opel negro y se lo dieron a la policía. Todavía tardaron un poco en retirar el cadáver, que yacía boca abajo, completamente bañado en sangre.

El inspector Vázquez llegó poco después de que le avisaran los agentes que acudieron a Bellaterra. Echaba chispas. No 15 hacía falta ser muy suspicaz para pensar que era demasiada coincidencia la avería del coche y el ataque de los *skins*. Vázquez no quería ni pensar qué le diría la abogada de SOS Racismo cuando le viese. Seguro que lo trataría de imbécil, por lo menos. El inspector interrogó a Ana y, después, ordenó 20 que una pareja de agentes la condujese a su casa. Cuando supo que, desde hacía mes y medio, la muchacha disponía de una vigilancia de marroquíes y que sus hombres ni se habían enterado, se puso más furioso todavía y juró que agarraría al renegado estúpido que le había montado aquel sarao.

25 El asesinato de Hussein, las amenazas y el intento de agresión a Ana, la intimidación del taxista, la paliza de Ahmed: todo fue aireado por la prensa. Los reporteros de sucesos, ahora denominados de sociedad, aprovecharon la ocasión para articular un relato más propio de una novela negra que

---

3 **una turbación** confusión, nerviosismo – 6 **una cuchillada** golpe con un cuchillo y la herida por él – 7 *un médico* **forense** del juzgado que determina las causas de una muerte – 12 **yacer** estar echado o tumbado – 14 **echar chispas** *loc coloq* mostrar enfado – 15 **suspicaz** malpensado, desconfiado – 16 **una coincidencia** casualidad – 19 **interrogar** hacer preguntas para saber uc – 23 **jurar** schwören – 24 **un renegado** *Esp coloq* up maliciosa – 24 **un sarao** *Esp coloq* lío, situación confusa – 26 **una intimidación** provocación de miedo (→ intimidar) – 27 **airear** dar a conocer uc

del curso diario de una ciudad más bien tranquila como Barcelona.

La oposición política aprovechó la situación para abrir nuevos frentes en la batalla que sostenía contra el gobierno. La actitud que había adoptado ante el problema de los inmigrantes y la pasividad que mostraba frente a la violencia de los grupos fascistas se sumaron a las críticas que ya le hacían sobre temas más generales. En vista de ello, los cargos políticos pidieron responsabilidades a la policía y a la fiscalía. ¿Qué pasaba? ¿Qué era todo aquel escándalo por culpa de un grupo de adolescentes con la cabeza pelada? ¿Es que dejarían que unos fanáticos los pusieran en ridículo? ¡Querían soluciones, ya!

Tocada en su amor propio, la policía removió cielo y tierra para esclarecer las cosas. Su credibilidad comenzaba a estar seriamente tocada, y sólo una acción eficaz conseguiría silenciar los comentarios insidiosos o las acusaciones directas de xenofobia institucionalizada.

En esta situación, los resultados no tardaron en producirse. Poco antes de la vista del caso de Ahmed, se descubrió una trama neonazi con conexiones con las fuerzas de seguridad del Estado. En la comisaría del inspector Vázquez, el policía implicado resultó ser el tal Rambo, un individuo de unos treinta años, gandul y antipático, que se pasaba más horas en el gimnasio que de servicio. Él era el líder del grupo que atacó a Ahmed y que desencadenó todo el conflicto. El día del asesinato de Hussein conducía el Opel negro de una de sus amantes. El inspector Vázquez, que ya le tenía ojeriza, lo empapeló con mucho gusto.

—Sabía que no eras muy listo —le dijo cuando lo detuvo—. Pero lo que has hecho no sólo nos perjudica ante la opinión

---

4 **un frente** lugar donde se lucha – 8 **un cargo** *político* responsables del gobierno – 9 **la fiscalía** Anklagebehörde – 15 **esclarecer** aclarar – 15 **la credibilidad** → creer – 16 **tocado** *aquí*: dañado – 21 **una trama** intriga – 24 **gandul** vago, up que no le gusta trabajar – 28 **un amante** up con quien se tiene una relación *p ej* fuera del matrimonio – 28 **tener ojeriza a up** ser up antipático a otro – 29 **empapelar a up** *coloq* abrir expediente a up

pública por la implicación ideológica, sino que nos deja en ridículo porque muestra que puedan tener cabida en el cuerpo asnos como tú. Venga, dame la placa, hijo de puta. Ahora tendrás todo el tiempo del mundo para hacer bíceps.

5   La identificación de quienes atacaron a Ana en Bellaterra y dieron muerte a Hussein fue fácil: los había visto mucha gente, sobre todo muchachos jóvenes, sin miedo, y con ganas de acabar con los grupos fascistas. En esa ocasión no faltarían testigos en el juicio.

---

2 *tener* **cabida** espacio, sitio – 3 **un asno** Esel *aquí*: up tonta

11 El juicio

El abogado que defendía a los dos *skins* estaba satisfecho. A pesar del clima adverso en que se celebraba la vista, había conseguido crear una cierta duda sobre la habilidad de la identificación de Ana, único testigo que presentaba la acusación. La oscuridad del lugar donde se produjo la agresión, la rapidez de los hechos, el nerviosismo propio de la situación, la similitud de fisonomía de los individuos con el mismo corte de pelo y con ropa parecida fueron argumentos que el abogado esgrimió para hacer dudar a Ana, o, si no, al juez, sobre la identificación. Por otra parte, presentó un par de testigos, *skins* también, que aseguraban que, en el momento de los hechos, los acusados estaban tomando cerveza en su piso. Los testigos no eran muy de fiar, como procuró demostrar la abogada de SOS Racismo, pero sus declaraciones quedaron allí. Las demás pruebas que aportó la acusación, y que se habían encontrado al registrar los domicilios de los *skins* —las botas de puntera metálica, las porras, la propaganda nazi, las esvásticas —, podían ser consideradas circunstanciales. En realidad probaban la pertenencia de los acusados a un grupo neonazi, pero no que fuesen los autores de las lesiones de Ahmed, que era por lo que se les juzgaba.

Todo iba bastante bien para los dos acusados cuando Elena pidió suspender la vista, alegando que quería presentar un testigo nuevo, un testigo que podía resultar definitivo. El defensor protestó: no podía sacarse ahora de la manga un testigo; no era procedente. Procedente o no, si aportaba información concluyente sobre el caso, lo oiría, dijo el juez. Y aplazó la vista entre los murmullos del público.

---

3 **adverso** negativo, en contra – 10 **esgrimir** usar uc como arma para conseguir uc – 13 **un acusado** up a quien se le imputa un delito (Angeklagter) – 14 **ser de fiar** *loc* poder confiar en up o uc – 16 **aportar** dar, añadir – 18 **una porra** Knüppel – 19 **una esvástica** Hakenkreuz – 24 **alegar** argumentar uc para la defensa – 26 **sacarse uc de la manga** *loc coloq* inventarse, decir o hacer uc sin base – 27 **procedente** autorizado (berechtigt) – 29 **un murmullo** ruido que se hace hablando sin entender lo que se dice

El juicio se reanudó dos días más tarde. Había cierta expectación en la sala para ver quién era el nuevo testigo de la acusación. Cuando se abrió la sesión, el ujier llamó a testificar a Saíd, que juró sobre el Corán decir la verdad. A continuación,
5 la abogada inició su turno de preguntas.

—¿Te llamas Saíd Arkoun Rahim y eres marroquí?

—Sí.

—¿Qué edad tienes?

—Creo que diecinueve años…, quizá veinte. No estoy muy
10 seguro.

En la sala hubo un murmullo divertido.

—¿Cuánto tiempo hace que estás en Barcelona?

—Todavía no hace un año. Llegué a primeros de octubre del año pasado.

15 —¿Y qué has hecho durante todo este tiempo?

—Pues trabajar donde he podido. Primero fui vendedor ambulante de alfombras, después trabajé en el campo, en Vilassar, después estuve de camarero en un restaurante; hace unos meses perdí ese trabajo y tuve que volver a trabajar en el
20 campo.

—Disculpe, señoría, pero no creo que nos interese demasiado la biografía del testigo —intervino inquieto el abogado defensor.

—Sólo intento establecer el perfil del testigo y sus
25 circunstancias. Quiero dejar claro que, pese a su silencio inicial, es una persona honesta, que merece credibilidad —puntualizó la abogada.

—Continúe, abogada —dijo el juez.

—¿Eres amigo de Ahmed?

30 —Sí. Vivíamos en el mismo piso y tocábamos juntos en un grupo de música marroquí.

---

1 **reanudar** continuar uc que se había parado – 2 **una expectación** espera, curiosa o tensa, de uc que interesa – 3 **un ujier** empleado del tribunal – 3 **testificar** declarar y explicar uc que ha pasado – 24 **establecer** definir (festlegen) – 26 **honesto** sincero, decente

—Explica a la sala qué pasó la noche del veinte de diciembre.

Saíd se tomó unos segundos antes de contestar, como si quisiera poner en orden los recuerdos. Luego contó lo que había sucedido aquel jueves, después del ensayo del grupo. Su exposición coincidió exactamente con la que Ana había hecho dos días antes.

—¿Así que también tú fuiste víctima de la agresión de los *skins*? —preguntó la abogada cuando concluyó el relato de los hechos.

—Sí.

—¿Y por qué no dijiste nada a la policía?

—Porque no tengo papeles. Soy un inmigrante ilegal, y si hubiera ido a la policía para declarar, habría quedado al descubierto mi situación y me habrían expulsado.

—¿Y por qué te has decidido a testificar ahora?

Saíd se quedó un momento pensativo.

—La policía me detuvo hace unos cuatro meses y descubrió mi situación ilegal. Ahora estoy pendiente de expulsión. Por tanto, ya no pierdo nada declarando… Pero no es únicamente por eso… Creo…, creo que si la policía no me hubiese cogido, también estaría aquí. Porque la justicia está por encima de mis circunstancias personales y yo no podría soportar que por mi silencio quedasen libres los individuos que nos atacaron y que casi mataron a Ahmed.

—¡Protesto! —gritó el defensor—. Las valoraciones del testigo sobre la justicia son del todo improcedentes. Aquí el único que ha de juzgar es su señoría…

—De acuerdo, de acuerdo. Admitida la protesta —dijo el juez—. Que no consten en acta las opiniones del testigo.

---

19 **estar pendiente de uc** esperar uc – 27 **improcedente** inadecuado, inadmisible, fuera de la ley – 28 **señoria** tratamiento a up de importantcia *p ej* un juez – 30 **constar** quedar registrado por escrito – 30 **un acta** *f* Protokoll

Tras comprobar las correcciones introducidas en el acta del proceso, el juez le dijo a la abogada que podía continuar interrogando al testigo.

—Bien. Nos has dicho que tú también fuiste agredido por
5 los individuos que hirieron gravemente a Ahmed. ¿Les viste la cara?

—Sí.

—¿Los recuerdas claramente?

—Sí.

10 —¿Los podrías identificar?

—Sí.

—¿Está en la sala alguno de los individuos que os atacaron?

—Sí. Cuatro.

En la sala se produjo un murmullo. La abogada también le
15 miró, sorprendida.

—¿Cuatro?

—Sí. Aquellos dos de allí —y señaló a los dos acusados—. Y dos que están allá abajo —y señaló un punto del fondo de la sala, ocupado por un grupo de siete u ocho *skins*.

20 Los *skins* se levantaron gritando.

—¡Eres un mentiroso de mierda, moro!

—¡Desgraciado! ¡No sabes lo que dices!

—¡Orden! ¡Orden! —gritó el juez.

En la sala subió la expectación. Los periodistas que cubrían
25 el juicio se pusieron a tomar notas apresuradamente o dirigieron el micrófono de la grabadora hacia el bullicio.

—Que los agentes del orden acerquen al estrado el grupo de asistentes a la vista que llevan el pelo corto entre los que el testigo ha dicho reconocer a dos de los agresores.

30 —¡Me opongo, señoría! ¡Eso está fuera de todo procedimiento!

---

5 **herir** dañar a up haciendo una herida – 24 **cubrir** *aquí:* seguir de cerca un acontecimiento para informar públicamente – 26 **una grabadora** aparato que toma sonidos para que sean escuchados después – 26 **un bullicio** ruido que hace mucha gente – 27 **un estrado** Podest – 31 **un procedimiento** Verfahren

—Mire, abogado, limítese a la defensa; del procedimiento de esta sala me ocupo yo —le cortó el juez.

Pero la ejecución de la orden del juez no fue fácil. Los *skins* no querían abandonar el lugar que ocupaban, y en un momento se armó un gran alboroto. Tuvieron que acudir más policías para controlar la situación y llevar a los *skins* hasta el estrado. Entre ellos, Ana reconoció a dos que habían estado en la rueda de identificación de la comisaría.

—Que el testigo ratifique su identificación —ordenó el juez.

—¿Quiénes son los individuos que intervinieron en la agresión, Saíd? —preguntó la abogada.

—Aquél y aquél —afirmó Saíd, y señaló a los dos *skins* que Ana había reconocido.

—Que la policía detenga a los nuevos inculpados y les tome declaración —dijo el juez—. Considerando el giro que ha tomado la causa, este juicio se suspende indefinidamente. Que las dos partes y el ministerio fiscal se presenten en mi despacho. ¡Se levanta la sesión!

En la sala hubo gritos de protesta, insultos y amenazas. Cuando Saíd abandonó el estrado, los *skins* se le echaron encima y tuvo que intervenir la policía para retenerlos.

—¡Moro de mierda! ¡Eres hombre muerto! —gritaba completamente fuera de sí, por encima de la espalda del policía que lo retenía, uno de los *skins* que Saíd había reconocido—. ¡Tú y todos los moros de mierda como tú sois hombres muertos! ¡No vamos a dejar ni uno vivo! ¡Viva España!

La policía empujaba a todo el grupo hacia la salida lateral de la sala, pero los cabezas rapadas se resistían a abandonarla y continuaban gritando consignas fascistas.

—¡Viva el nacionalsocialismo!

—¡Viva Hitler!

—¡Por el exterminio moro!

---

3 **una ejecución** cumplimiento de uc – 5 **armarse** *aquí*: organizarse, montarse –
5 **un alboroto** desorden, bullicio – 9 **ratificar** confirmar – 14 **un inculpado** acusado
(→ inculpar) – 18 **un despacho** oficina – 29 **una consigna** eslogan, lema

—¡Viva Franco! ¡Viva Mussolini!

Estaban completamente chiflados.

El nuevo juicio no se celebró hasta finales del mes de septiembre. En esta ocasión se sentaban en el banquillo de los acusados cuatro de los cinco cabezas rapadas que habían protagonizado la agresión. Gracias al revuelo provocado por el primer juicio, a la presión de la policía sobre los grupos neonazis, al eco que todo ello tuvo en la prensa y a las garantías del inspector Vázquez, Elena consiguió que el taxista también testificase. Con tres testigos y todas las pruebas circunstanciales que se habían reunido, el abogado de la defensa lo tuvo más difícil. Sin embargo, consiguió eludir la acusación de intento de asesinato que pesaba sobre los dos acusados identificados como agresores directos de Ahmed y limitarla a intento de homicidio. Pero, a pesar de sus esfuerzos, no pudo librar a ninguno de sus clientes de penas que oscilaban entre cuatro y doce años de prisión.

A la semana de hacerse pública la sentencia, Saíd recibió un comunicado en el que se le notificaba el día y la hora de su expulsión. Había pasado aproximadamente un año desde su salida de Marruecos y su llegada a Barcelona, tan sólo un año, y le parecía una eternidad. No creía posible que en tan poco tiempo le hubieran sucedido tantas cosas.

—Estoy convencido de que en todo lo que me resta de vida no me pasarán tantas cosas como me han pasado en este año —le comentó a Fátima mientras caminaban por la ronda de Sant Pau.

La muchacha iba a su lado, abstraída, como si no le escuchase. Saíd se dio cuenta.

---

2 **chiflado** loco – 4 **un banquillo** asiento de los acusados (→ banco) – 6 **un revuelo** tumulto, confusión – 12 **eludir** evitar, esquivar – 16 **una pena** castigo por un delito – 16 **oscilar** moverse de un lado a otro *aquí:* estar entre uc – 19 **un comunicado** nota, mensaje – 19 **notificar** informar, comunicar

—¿Todavía te acuerdas de él a menudo?

—Sí… Sobre todo cuando te veo a ti.

—Lo siento.

—No veo por qué; tú no tienes ninguna culpa. Soy yo, que no
lo puedo olvidar. Fue tan inesperada su muerte. Han pasado
meses y todavía no me hago a la idea.

—A veces me siento un poco responsable de lo que ocurrió.
Al fin y al cabo fui yo quien le pidió que vigilase a Ana.

—No tienes por qué mortificarte. Es el destino…

—El destino o la mala estrella que me persigue desde que
salí de Xauen —dijo Saíd, apesadumbrado.

—¿Te acuerdas del día que le conocí? —dijo Fátima—. Huí
de él asustada —añadió con una sonrisa llena de tristeza.

Saíd no dijo nada, simplemente le cogió la mano y se la
apretó.

—Deberías haberte enamorado de mí —le dijo finalmente,
medio en broma medio en serio.

Y la miró y esbozó una sonrisa. Ahora fue ella la que le apretó
la mano cariñosamente.

—¿Y Ana? ¿La has visto?

—Sí. Ayer.

Hubo un silencio. Fátima no sabía si insistir. Saíd no sabía si
continuar.

—Nunca la olvidaré —dijo finalmente Saíd—. Es una
persona extraordinaria.

Caminaron un trecho más, callados.

—¿Cuándo te vas?

—El miércoles. Pero mañana tengo que ingresar en el centro
de internamiento de la Verneda. Quieren tenernos reunidos
allí unos días antes. Vamos en un autocar de la policía. Iremos
a Algeciras y desde allí, en el transbordador, a Ceuta. En Ceuta
nos entregarán a la policía marroquí.

---

11 **apesadumbrado** que transmite pena o tristeza – 26 **un trecho** espacio, distancia de
un lugar – 31 **un transbordador** ferry

—¿Y qué te pasará?

—No lo sé. Puede que me encierren un tiempo en la cárcel por haber salido ilegalmente del país. Pero también es posible que me manden a casa después de tenerme unos días en comisaría. Depende de cómo estén de llenas las cárceles.

—¿Y qué piensas hacer?

—Lo primero que haré cuando esté en Xauen será buscar una tienda. Ahmed y Hassan también quieren volver y hemos hablado de formar una sociedad. En Xauen hay mucho turismo, y una tienda de objetos de artesanía puede funcionar. Mantas, alfombras, cajitas de madera y cosas así. Ahmed quería abrirla en Tánger porque tiene la familia allí, pero en Tánger son mucho más caras las tiendas, y no nos llega el dinero. Hassan ha ahorrado un poco, no mucho, pero sí lo suficiente para poner en marcha el negocio. Él será el socio capitalista y no tendrá que trabajar. Trabajaremos Ahmed y yo. Creo que puede irnos bien.

—¡Ojalá!

—Seguro. Algún día tiene que cambiar mi suerte.

Saíd y Fátima continuaron caminando sobre la alfombra de hojas secas que el otoño había extendido en la acera. La gente, que comenzaba a sacar del armario chaquetas y gabardinas, se movía deprisa, ignorando las evoluciones rápidas y elegantes de los estorninos por encima del bosque de antenas de la ciudad. Su algarabía le hizo levantar la cabeza a Saíd, que se quedó mirando cómo se estiraban, giraban y se reagrupaban para, después, volver a estirarse en dirección contraria.

—Ellos no tienen problemas de fronteras.

Fátima también los observó. Parecían estar ejecutando una danza perfectamente aprendida en el cielo. Cuando la bandada de estorninos desapareció tras los edificios más altos, Fátima y Saíd se miraron. Estaban en la entrada de la calle de la Cera.

---

11 **una manta** Decke – 22 **una gabardina** abrigo para protegerse de la lluvia – 24 **un estornino** pájaro (Star) – 25 **una algarabía** ruido producido por voces simultáneas – 29 **ejecutar** realizar, llevar a cabo – 30 **una bandada** grupo numeroso de pájaros que vuelan juntos

—Adiós, Saíd, que tengas suerte. —Adiós, Fátima, que Alá te acompañe. Y con esta sencilla despedida, cargada de emoción, se separaron. Posiblemente nunca más volverían a verse.

Eran las ocho y cuarto de la mañana y llovía. Las gotas de
5 agua resbalaban por el cristal y distorsionaban la visión del exterior: las calles, las casas, los semáforos… Saíd los veía desfilar con indiferencia. Barcelona quedaba atrás, y con ella una esperanza. Sin embargo, no se sentía fracasado. Quizá había llegado con una idea equivocada de lo que se iba a
10 encontrar. Ahora, al menos, ya había despejado la incógnita, ya sabía lo que era emigrar. No, las cosas no eran fáciles aquí. En realidad, para los que huyen de la miseria no son fáciles en ninguna parte.

El autocar de la policía se detuvo en un semáforo. Por delante
15 se extendía la cinta asfaltada y reluciente de la autopista. Saíd quiso echar una última ojeada a la ciudad, pero entre el vaho que empañaba el cristal, la lluvia y la oscuridad, prácticamente no vio nada: luces entre sombras. Cuando el autocar arrancó, volvió a recostarse en el asiento y cerró los ojos. La aventura
20 había terminado.

---

5 **resbalar** moverse por una superficie – 5 **distorsionar** deformar uc *p ej* una imagen –
6 **un semáforo** aparato para organizar el tráfico en la calle – 7 **desfilar** ir uc detrás
de otro – 10 **despejar la incógnita** aclarar uc desconocida – 15 **una cinta** Band –
15 **reluciente** que brilla – 16 **echar una ojeada** mirar por encima, sin mucha atención –
19 **recostarse** echarse para atrás

Mar Ca

La Coruña LUGO Oviedo Santander
LA CORUÑA ASTURIAS CANTABRI
Santiago de
Compostela Lugo
GALICIA León BURG
PONTEVEDRA LEÓN Bi
Pontevedra PALENCIA
Orense Palencia
ORENSE Valladolid
ZAMORA VALLADOLID
Zamora CASTILLA Y LEÓN SEGOVIA
Océano Segovia
Atlántico Salamanca SALAMANCA Ávila MADR
ÁVILA Ma
CÁCERES Toledo
PORTUGAL TOLEDO CAS
Cáceres
EXTREMADURA Ciuda
Lisboa Badajoz Mérida CIUDAD RE
BADAJOZ
CÓRDOBA
Córdoba
HUELVA Ja
Sevilla
Huelva SEVILLA ANDALUCÍA
─────── 100 km MÁLAGA GRA
CÁDIZ Málaga
Cádiz
Lanzarote Gibraltar (G.B.)
ISLAS CANARIAS Ceuta (ESP.)
La Palma Fuerteventura Tetuán
Tenerife
La Gomera Santa Cruz
de Tenerife Xauen
El Hierro Gran Canaria Las Palmas MARRUECOS

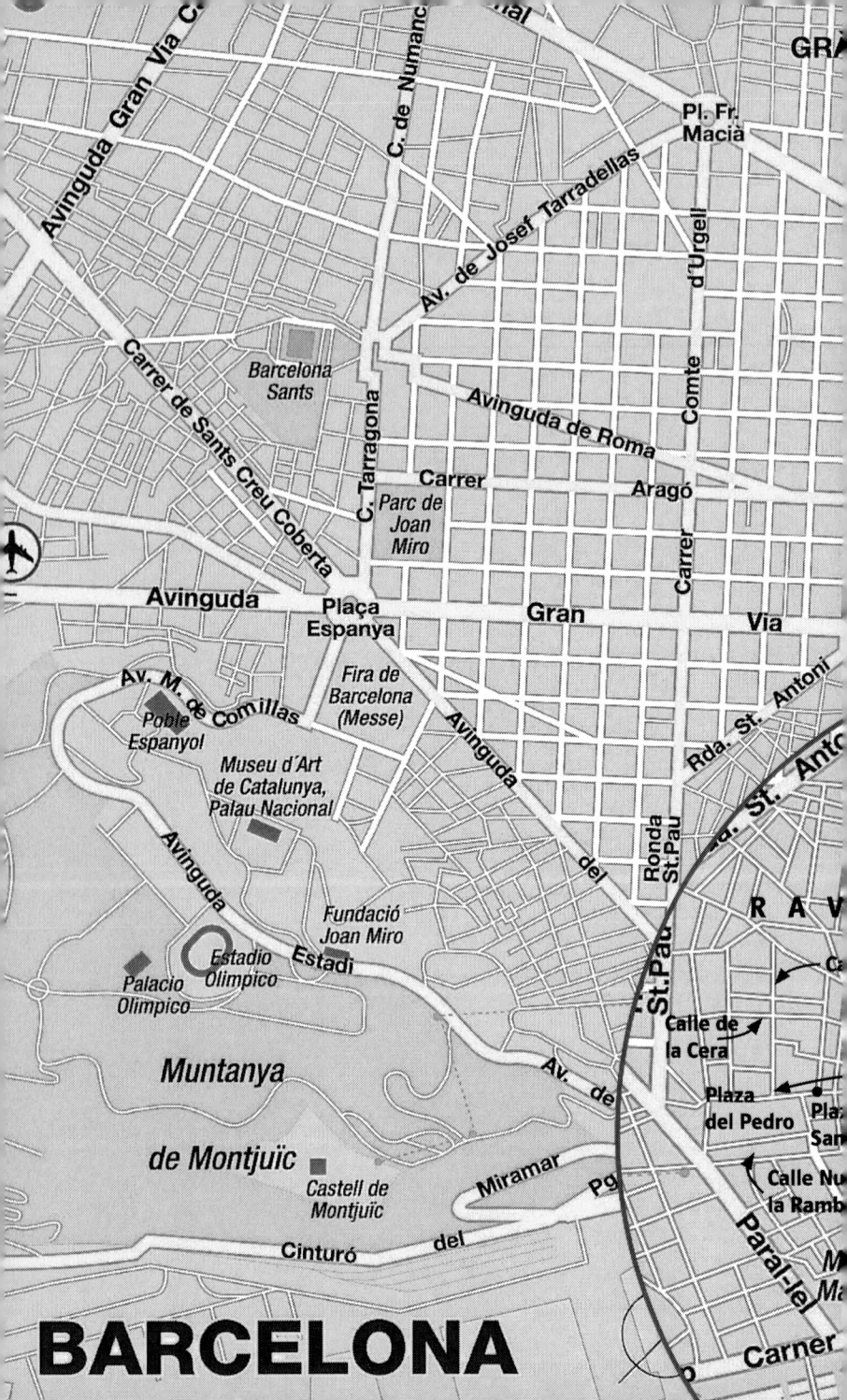

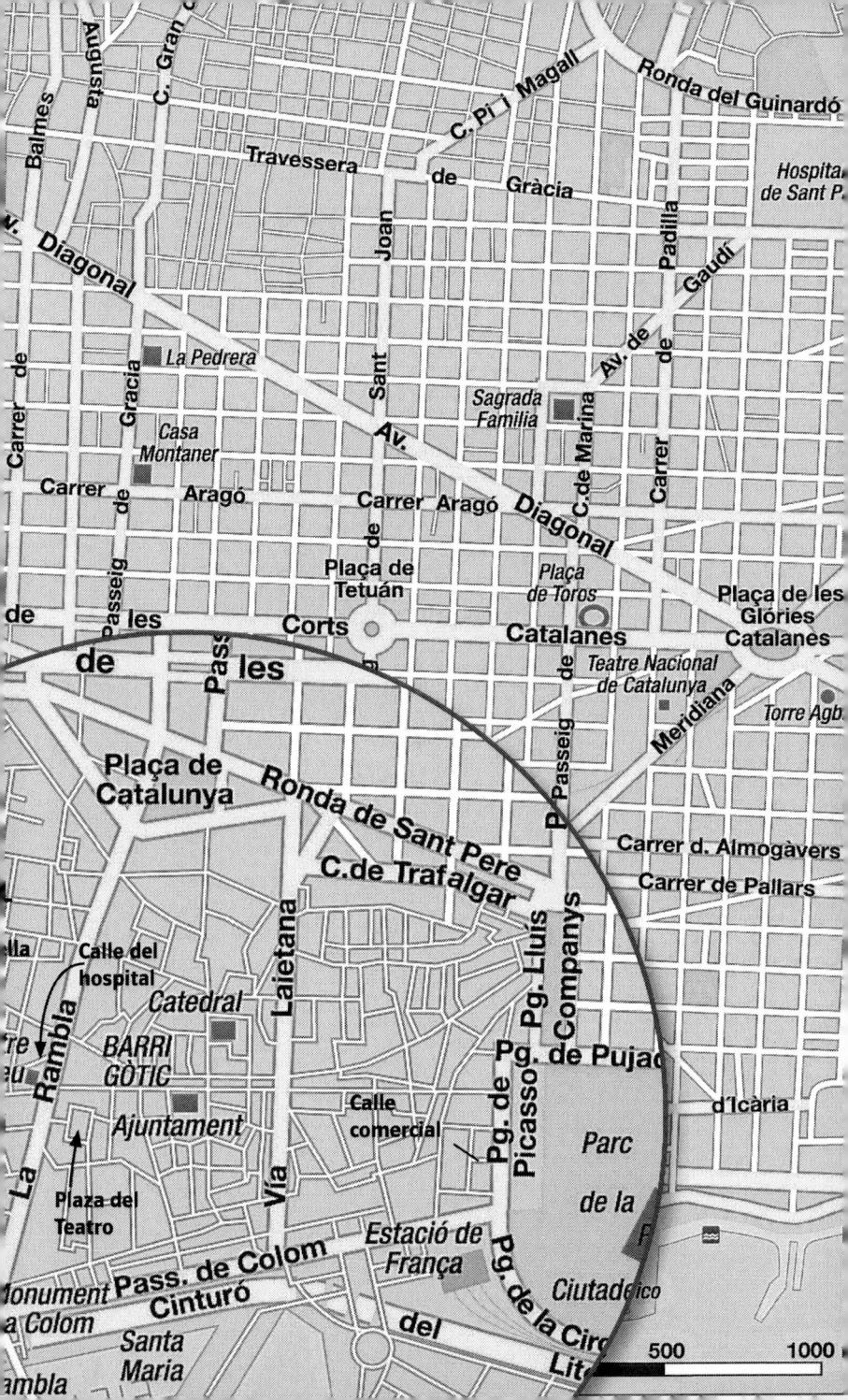

Josep Lorman

El autor y su obra

Josep Lorman (Barcelona, 1949) es geógrafo de formación, aunque ha trabajado principalmente en el campo audiovisual como guionista y técnico cinematográfico.

En 1975 comenzó a trabajar de forma continuada como profesional independiente, realizando tareas de redactor editorial, articulista, guionista, técnico cinematográfico, fotógrafo y profesor de geografía. Durante el período 1984-1987 se desempeñó como director de producción en una empresa de vídeo, en donde colaboró en la realización de vídeos institucionales, spots publicitarios, grabación de actos y programas de televisión. A partir de 1988 se dedicó casi de forma exclusiva a tareas de director de producción independiente y colaboró con diversas productoras de vídeo y de cine en la realización de documentales, institucionales, series para televisión y largometrajes.

En 1990, tras dirigir la producción de la serie dramática para televisión *Terranova*, razones personales y de salud hicieron que abandonase el campo del audiovisual y se dedicara casi por entero a escribir. A partir de este momento reemprendió la creación literaria y empezó a publicar de forma continuada en colecciones de literatura infantil y juvenil.

En 1995 obtuvo el premio de literatura juvenil Joaquim Ruyra con *El galió de les illes Cíes*, premio que repitió dos años más tarde con *El malefici dels Da*.

En la actualidad vive entre Barcelona y Mallorca, y alterna su dedicación entre la creación literaria, la redacción de artículos y obras de divulgación, y la fotografía geográfica y botánica.

Sensible a los problemas que afectan a la sociedad actual, en sus obras aborda cuestiones ecológicas y referidas a derechos humanos, siempre con una fuerza narrativa y un estilo sencillo y ágil que envuelven perfectamente el mensaje.

Abreviaturas y símbolos

adj	Adjektiv, adjetivo
adv	adverbio
aquí:	señala un significado específico de la palabra en el contexto
coloq	coloquial
despect	despectivo
dim	diminutivo
Esp	peninsularismo, término o expresión del español de la Península Ibérica
etw	etwas
f	femenino
fam	lenguaje familiar
fig	lenguaje figurativo
fr	galicismo, palabra de origen francés
INF	infinitivo
infant	lenguaje infantil
interj	interjección
irón	irónico
jmd	jemand
lit	literario
loc	locución, giro idiomático
m	masculino
marroq	marroquí
mil	militar
naut	náutica
p ej	por ejemplo
pl	plural
s	singular
SUST	sustantivo
sup	superlativo
uc	una cosa, algo
up	una persona, alguien
vulg	expresión vulgar
≠	contrario de
→	remite a una palabra ya conocida